ΤΟ ΑΠΟΛΥΤΟ ΒΙΒΛΙΟ ΜΑΓΕΙΡΙΚΗΣ ΙΤΑΛΙΚΩΝ ΕΠΙΔΟΡΠΩΝ

Αφεθείτε στην απόλυτη συλλογή 100 ιταλικών συνταγών για επιδόρπια

Παναγιώτα Βιτάλη

Πνευματικά δικαιώματα ©2023

Όλα τα δικαιώματα διατηρούνται

Κανένα μέρος αυτού του βιβλίου δεν επιτρέπεται να χρησιμοποιηθεί ή να μεταδοθεί σε οποιαδήποτε μορφή ή με οποιοδήποτε μέσο χωρίς την κατάλληλη γραπτή συγκατάθεση του εκδότη και του κατόχου των πνευματικών δικαιωμάτων, εκτός από σύντομες αναφορές που χρησιμοποιούνται σε μια κριτική. Αυτό το βιβλίο δεν πρέπει να θεωρείται υποκατάστατο ιατρικών, νομικών ή άλλων επαγγελματικών συμβουλών.

ΠΙΝΑΚΑΣ ΠΕΡΙΕΧΟΜΕΝΩΝ

ΠΙΝΑΚΑΣ ΠΕΡΙΕΧΟΜΕΝΩΝ 3
ΕΙΣΑΓΩΓΗ 7
   1. Πανακότα σοκολάτας 8
   2. Πανακότα 10
   3. Cheesy Galette με σαλάμι 12
   4. Τιραμισού 14
   5. Κρεμώδης πίτα Ricotta 16
   6. Ιταλική πίτα αγκινάρας 18
   7. Μπισκότα Anisette 21
   8. Φλαν καραμέλα 23
   9. Κέικ με κούπα με μπισκότα ζάχαρης 25
   10. Babka με σάλτσα Baileys 27
   11. Φοντί Caramel Baileys 30
   12. Πικάντικο ιταλικό κέικ δαμάσκηνου-δαμάσκηνου 32
   13. Καταλανική κρέμα 35
   14. Σορμπέ αμυγδάλου 37
   15. Τυρί μασκαρπόνε Τιραμισού 39
   16. Vegan Tiramisù 41
   17. Panna Cotta με μπιζέλια πεταλούδας 43
   18. Πανακότα καρύδας βανίλιας με σάλτσα μούρων ιβίσκου 46
   19. Panna Cotta σιρόπι βατόμουρου και λιλά 49
   20. Πανακότα με χαμομήλι με μέλι 54
   21. Πανακότα με γιαούρτι τριαντάφυλλο 57
   22. Gulab Panna Cotta 59
   23. Πανακότα με τριαντάφυλλο τζίντζερ 62
   24. Mini Tiramisu Trifles 64

25. Παγωτό Τιραμισού 67

26. Τάρτες Τιραμισού 70

27. Κύπελλα Πουτίγκα Τιραμισού Λευκής Σοκολάτας 73

28. Τιραμισού λεμονιού 75

29. Πίτα Tiramisu Spice κολοκύθας 78

30. Tiramisu Whoopie Pies 81

31. Amaretto Cannoli 84

32. Cannoli alla siciliana 87

33. Πίτσα κρέμα Cannoli 90

34. Κανολόπιτα 92

35. Cannoli για παιδιά 94

36. Κοχύλια Cannoli και γέμιση 96

37. Cheesecake Tiramisu 98

38. Mangomisu 101

39. Matcha Tiramisu 104

40. Μους τιραμισού σοκολάτας και καραμέλας 107

41. Τυραμισού Pots de creme 110

42. Tiramisu Cupcakes 113

43. Mini Tiramisu Cups 116

44. Τιραμισού Cream Puffs 118

45. Πανακότα πορτοκαλιού και ζελέ πορτοκαλιού 122

46. Πανακότα φράουλα με καραμελωμένα φιστίκια 125

47. Πανακότα με φράουλα και ακτινίδιο 127

48. Panna Cotta Βουτυρογάλακτος με Σάλτσα Εσπεριδοειδών 129

49. Πανακότα δαμάσκηνου 131

50. Mango Panna Cotta με διακόσμηση Spun Sugar 134

51. Πανακότα καρύδας με γλάσο ανανά 137

52. Τρίχρωμη Πανακότα Delight 139

53. Mango Lassi Panna Cotta 142

54. Γάλα καρύδας και πανακότα πορτοκαλιού 144

55. Πανακότα με ρόδι 146

56. Green And White Panna Cotta 148

57. Πανακότα Ελληνικού γιαουρτιού με Πουρέ Χουρμά 150

58. Πανακότα λωτός 153

59. Πανακότα κρέμας και καρπούζι 155

60. Κομπόστα Αχλάδι σε Ζελέ Με Πανακότα 157

61. Πανακότα με σάλτσα καραμέλας 160

62. Πανακότα σοκολάτας 163

63. Κρέμα καραμέλας 165

64. Ιταλικά ψημένα ροδάκινα 167

65. Μελιωμένη πουτίγκα 169

66. Παγωμένο μέλι Semifreddo 171

67. Zabaglione 174

68. Αφόγκατο 176

69. Παγωτό με κανέλα βρώμης 178

70. Διπλό Σοκολατένιο Τζελάτο 180

71. Gelato Cherry-Strawberry 182

72. Βουτυρένια στράτα κρουασάν με προσούτο 184

73. Τάρτα βαλσάμικο ροδάκινο και μπρι 187

74. Τάρτα με κρεμμύδι και προσούτο 189

75. Τοματόψωμο ελιάς προσούτο 191

76. Ποπόβερ προσούτο-πορτοκαλί 193

77. Γλασαρισμένο Προσούτο 195

78. Κέικ με μοτσαρέλα και προσούτο πατάτας 197

79. Πανακότα Πράσινο Μπιζέλι με Προσούτο 199

80. Lime Gelato Με Σπόρους Chia 202

81. Πύλη παγωτού σοκολάτας και κεράσι 205

82. Σοκολατένια βόμβα 208

83. Αλάσκα ψημένη με ανανά 211

84. Παπς παγωτό βουτηγμένο σε σοκολάτα 213

85. Φραπέ από καπουτσίνο 215

86. Σύκα ποσέ σε μπαχαρικό κόκκινο κρασί με gelato 217

87. Κέικ gelato μαρέγκας Pina colada 219

88. Κέικ Gelato μαρέγκας φράουλας 221

89. Toblerone Gelato 225

90. Σοκολατένια Nutella Gelato 228

91. Cherry Gelato 230

92. Blackberry Gelato 232

93. Ρασμπερί Τζελάτο 234

94. Blueberry Gelato 236

95. Mango Gelato 238

96. Gelato με φυστικοβούτυρο 240

97. Gelato φουντουκιού 242

98. Μικτό Gelato Berry 244

99. Gelato καρύδας 246

100. Gelato κολοκύθας 248

ΣΥΜΠΕΡΑΣΜΑ 250

ΕΙΣΑΓΩΓΗ

Αν είστε λάτρης της ιταλικής κουζίνας, τότε ξέρετε ότι τα ιταλικά επιδόρπια είναι κάτι που πρέπει να δοκιμάσετε. Από το κλασικό τιραμισού μέχρι την κρεμώδη πανακότα και τη δροσιστική γρανίτα, τα ιταλικά επιδόρπια είναι γνωστά για τις απολαυστικές γεύσεις και υφές τους. Αν θέλετε να επεκτείνετε το ρεπερτόριό σας με τα επιδόρπια, το βιβλίο μαγειρικής "Απόλυτες συνταγές ιταλικών επιδορπίων" είναι ιδανικό για εσάς.

Με περισσότερες από 100 συνταγές, αυτό το βιβλίο μαγειρικής είναι ένας ολοκληρωμένος οδηγός για να δημιουργήσετε αυθεντικά ιταλικά επιδόρπια στην άνεση της κουζίνας σας. Κάθε συνταγή συνοδεύεται από μια όμορφη, έγχρωμη φωτογραφία, ώστε να μπορείτε να δείτε πώς ακριβώς πρέπει να είναι το έτοιμο πιάτο σας.

Αλλά αυτό το βιβλίο μαγειρικής δεν είναι απλώς μια συλλογή συνταγών – είναι ένα ταξίδι στην πλούσια ιστορία και τις παραδόσεις της ιταλικής παρασκευής γλυκών. Θα μάθετε για την προέλευση των κλασικών επιδορπίων όπως το cannoli και το zabaglione και θα ανακαλύψετε νέες ανατροπές σε παλιά αγαπημένα.

Είτε είστε αρχάριος είτε έμπειρος οικιακός μάγειρας, αυτό το βιβλίο μαγειρικής έχει κάτι για όλους. Με σαφείς οδηγίες και χρήσιμες συμβουλές, θα μπορείτε να δημιουργήσετε νόστιμα και εντυπωσιακά επιδόρπια που θα εντυπωσιάσουν τους φίλους και την οικογένειά σας. Γιατί λοιπόν να περιμένετε; Αποκτήστε σήμερα το αντίγραφο του βιβλίου μαγειρικής " Το απολυτο βιβλιο μαγειρικησ ιταλικων επιδορπων" και αρχίστε να απολαμβάνετε τις γλυκές γεύσεις της Ιταλίας!

1. Πανακότα σοκολάτας

Φτιάχνει: 5 μερίδες

ΣΥΣΤΑΤΙΚΑ:
- 500 ml παχύρρευστη κρέμα
- 10 γρ ζελατίνη
- 70 γρ μαύρη σοκολάτα
- 2 κουταλιές της σούπας γιαούρτι
- 3 κουταλιές της σούπας ζάχαρη
- μια πρέζα αλάτι

ΟΔΗΓΙΕΣ:
a) Σε μικρή ποσότητα κρέμας μουλιάζουμε τη ζελατίνη.
b) Σε μια μικρή κατσαρόλα ρίχνουμε την υπόλοιπη κρέμα. Βάζουμε τη ζάχαρη και το γιαούρτι να πάρουν βράση, ανακατεύοντας κατά διαστήματα, αλλά δεν βράζουν. Αποσύρουμε το τηγάνι από τη φωτιά.
c) Ανακατεύουμε τη σοκολάτα και τη ζελατίνη μέχρι να διαλυθούν τελείως.
d) Γεμίζουμε τα φορμάκια με το κουρκούτι και τα αφήνουμε να κρυώσουν για 2-3 ώρες.
e) Για να απελευθερώσετε την πανακότα από τη φόρμα, περάστε την κάτω από ζεστό νερό για λίγα δευτερόλεπτα πριν αφαιρέσετε το γλυκό.

2. Πανακότα

Κάνει: 6

ΣΥΣΤΑΤΙΚΑ:
- ⅓ φλιτζάνι γάλα
- 1 πακέτο ζελατίνη χωρίς γεύση
- 2 ½ φλιτζάνια παχύρρευστη κρέμα
- ¼ φλιτζάνι ζάχαρη
- ¾ φλιτζάνι φράουλες σε φέτες
- 3 κουταλιές της σούπας καστανή ζάχαρη
- 3 κουταλιές της σούπας κονιάκ

ΟΔΗΓΙΕΣ:
a) Ανακατεύουμε το γάλα και τη ζελατίνη μαζί μέχρι να διαλυθεί τελείως η ζελατίνη. Αφαιρέστε από την εξίσωση.
b) Σε μια μικρή κατσαρόλα βάζουμε την παχύρρευστη κρέμα και τη ζάχαρη να πάρουν βράση.
c) Ενσωματώνουμε το μείγμα ζελατίνης στην παχύρρευστη κρέμα και χτυπάμε για 1 λεπτό.
d) Μοιράζουμε το μείγμα σε 5 ραμεκίν.
e) Τοποθετήστε πλαστική μεμβράνη πάνω από τα ramekins. Μετά από αυτό, ψύξτε για 6 ώρες.
f) Σε ένα μπολ ανάμειξης, συνδυάστε τις φράουλες, την καστανή ζάχαρη και το κονιάκ. κρυώστε για τουλάχιστον 1 ώρα.
g) Τοποθετούμε τις φράουλες πάνω από την πανακότα.

3. Cheesy Galette με σαλάμι

Φτιάχνει: 5 μερίδες
ΣΥΣΤΑΤΙΚΑ:
- 130 γρ βούτυρο
- 300 γρ αλεύρι
- 1 κουταλάκι του γλυκού αλάτι
- 1 αυγό
- 80 ml γάλα
- ½ κουταλάκι του γλυκού ξύδι
- Πλήρωση:
- 1 ντομάτα
- 1 γλυκιά πιπεριά
- κολοκύθι
- σαλάμι
- Μοτσαρέλα
- 1 κουταλιά της σούπας ελαιόλαδο
- βότανα (όπως θυμάρι, βασιλικός, σπανάκι)

ΟΔΗΓΙΕΣ:
a) Ψιλοκόψτε το βούτυρο.
b) Σε ένα μπολ ή τηγάνι, ανακατεύουμε το λάδι, το αλεύρι και το αλάτι και τα κόβουμε με ένα μαχαίρι.
c) Ρίξτε ένα αυγό, λίγο ξύδι και λίγο γάλα.
d) Αρχίστε να ζυμώνετε τη ζύμη. Το βάζουμε στο ψυγείο για μισή ώρα αφού το κάνουμε μπάλα και το τυλίξουμε σε πλαστική μεμβράνη.
Κόβουμε όλη τη γέμισησυστατικά.
e) Τοποθετήστε τη γέμιση στο κέντρο ενός μεγάλου κύκλου ζύμης που έχει απλωθεί σε λαδόκολλα (εκτός από τη μοτσαρέλα).
f) Περιχύνουμε με ελαιόλαδο και αλατοπιπερώνουμε.
g) Στη συνέχεια, ανασηκώστε προσεκτικά τις άκρες της ζύμης, τυλίξτε τις γύρω από τα επικαλυπτόμενα τμήματα και πιέστε τις ελαφρά προς τα μέσα.
h) Προθερμαίνουμε τον φούρνο στους 200°C και ψήνουμε για 35 λεπτά. Προσθέστε τη μοτσαρέλα δέκα λεπτά πριν το τέλος του χρόνου ψησίματος και συνεχίστε το ψήσιμο.
i) Σερβίρετε αμέσως!

4. Τιραμισού

Κάνει: 6

ΣΥΣΤΑΤΙΚΑ:
- 4 κρόκοι αυγών
- ¼ φλιτζάνι λευκή ζάχαρη
- 1 κουταλιά της σούπας εκχύλισμα βανίλιας
- ½ φλιτζάνι σαντιγί
- 2 φλιτζάνια τυρί μασκαρπόνε
- 30 κυρία-δάχτυλα
- 1 ½ φλιτζάνι παγωμένος καφές που διατηρείται στο ψυγείο
- ¾ φλιτζάνι λικέρ Frangelico
- 2 κουταλιές της σούπας σκόνη κακάο χωρίς ζάχαρη

ΟΔΗΓΙΕΣ:
a) Σε μια λεκάνη, χτυπήστε μαζί τους κρόκους αυγών, τη ζάχαρη και το εκχύλισμα βανίλιας μέχρι να γίνουν κρέμα.
b) Μετά από αυτό, χτυπήστε τη σαντιγί μέχρι να σφίξει.
c) Συνδυάστε το τυρί μασκαρπόνε και τη σαντιγί.
d) Σε ένα μικρό μπολ, διπλώνουμε ελαφρά το μασκαρπόνε στους κρόκους των αυγών και αφήνουμε στην άκρη.
e) Συνδυάστε το λικέρ με τον κρύο καφέ.
f) Βουτήξτε αμέσως τα δάχτυλα στο μείγμα του καφέ. Εάν τα δάχτυλα της κυρίας βρέχονται ή είναι πολύ υγρά, θα μουσκέψουν.
g) Τοποθετήστε τα μισά από τα δάχτυλα της κυρίας στο κάτω μέρος ενός ταψιού 9x13 ιντσών.
h) Τοποθετούμε από πάνω το μισό μείγμα της γέμισης.
i) Τοποθετήστε τα υπόλοιπα γυναικεία δάχτυλα από πάνω.
j) Τοποθετήστε ένα κάλυμμα πάνω από το πιάτο. Μετά από αυτό, ψύξτε για 1 ώρα.
k) Πασπαλίζουμε με σκόνη κακάο.

5. Κρεμώδης πίτα Ricotta

Κάνει: 6

ΣΥΣΤΑΤΙΚΑ:
- 1 κρούστα πίτας από κατάστημα
- 1 ½ κιλό τυρί ρικότα
- ½ φλιτζάνι τυρί μασκαρπόνε
- 4 αυγά χτυπημένα
- ½ φλιτζάνι λευκή ζάχαρη
- 1 κουταλιά της σούπας κονιάκ

ΟΔΗΓΙΕΣ:
a) Προθερμαίνουμε τον φούρνο στους 350 βαθμούς Φαρενάιτ. Ανακατεύουμε όλα τα υλικά της γέμισης σε ένα μπολ. Στη συνέχεια ρίχνουμε το μείγμα στην κρούστα.
b) Προθερμαίνουμε τον φούρνο στους 350°F και ψήνουμε για 45 λεπτά.
c) Βάζουμε την πίτα στο ψυγείο για τουλάχιστον 1 ώρα πριν τη σερβίρουμε.

6. Ιταλική πίτα αγκινάρας

Κάνει: 8 μερίδες

ΣΥΣΤΑΤΙΚΑ:
- 3 αυγά? Χτυπημένος
- Πακέτο 1 3 Oz Τυρί κρέμα με σχοινόπρασο. Μαλακωμένο
- ¾ κουταλάκι του γλυκού σκόνη σκόρδου
- ¼ κουταλάκι του γλυκού Πιπέρι
- 1 ½ φλιτζάνι τυρί μοτσαρέλα, μέρος αποβουτυρωμένο γάλα; Ψιλοκομμένο
- 1 φλιτζάνι τυρί Ricotta
- ½ φλιτζάνι μαγιονέζα
- 1 14 Oz Can Artichoke Hearts? Στραγγισμένο
- ½ 15 Oz Can Garbanzo Φασόλια, σε κονσέρβα. Ξεπλένεται Και Στραγγίζεται
- 1 2 ¼ Οζ κονσέρβας κομμένες σε φέτες ελιές. Στραγγισμένο
- 1 2 Oz Jar Pimientos; Σε κύβους και στραγγισμένο
- 2 κουταλιές της σούπας μαϊντανός? Κομμένο
- 1 κρούστα πίτας (9 ίντσες); Αψητος
- 2 μικρές ντομάτες? Κομμένο φέτες

ΟΔΗΓΙΕΣ:

a) Συνδυάστε τα αυγά, το τυρί κρέμα, το σκόρδο σε σκόνη και το πιπέρι σε μια μεγάλη λεκάνη ανάμειξης. Συνδυάστε 1 φλιτζάνι τυρί μοτσαρέλα, τυρί ρικότα και μαγιονέζα σε ένα μπολ ανάμειξης.

b) Ανακατεύουμε μέχρι να ομογενοποιηθούν όλα καλά.

c) Κόβουμε 2 καρδιές αγκινάρας στη μέση και τις αφήνουμε στην άκρη. Ψιλοκόψτε τις υπόλοιπες καρδιές.

d) Ρίξτε το μείγμα τυριών με τις ψιλοκομμένες καρδιές, τα φασόλια garbanzo, τις ελιές, το πιμιέντο και τον μαϊντανό. Γεμίζουμε το κέλυφος της ζύμης με το μείγμα.

e) Ψήνουμε για 30 λεπτά στους 350 βαθμούς. Το υπόλοιπο τυρί μοτσαρέλα και παρμεζάνα πρέπει να πασπαλιστούν από πάνω.

f) Ψήνουμε για άλλα 15 λεπτά ή μέχρι να δέσει.

g) Αφήστε να ξεκουραστεί για 10 λεπτά.

h) Από πάνω τοποθετήστε φέτες ντομάτας και καρδιές αγκινάρας κομμένες στα τέσσερα.

i) Σερβίρισμα

7. Μπισκότα Anisette

Κάνει: 36

ΣΥΣΤΑΤΙΚΑ:
- 1 φλιτζάνι ζάχαρη
- 1 φλιτζάνι βούτυρο
- 3 φλιτζάνια αλεύρι
- ½ φλιτζάνι γάλα
- 2 αυγά χτυπημένα
- 1 κουταλιά της σούπας μπέικιν πάουντερ
- 1 κουταλιά της σούπας εκχύλισμα αμυγδάλου
- 2 κουταλάκια του γλυκού λικέρ γλυκάνισετ
- 1 φλιτζάνι ζάχαρη ζαχαροπλαστικής

ΟΔΗΓΙΕΣ:
a) Προθερμαίνουμε το φούρνο στους 375 βαθμούς Φαρενάιτ.
b) Χτυπάμε μαζί τη ζάχαρη και το βούτυρο μέχρι να αφρατέψουν.
c) Ενσωματώνουμε σταδιακά το αλεύρι, το γάλα, τα αυγά, το μπέικιν πάουντερ και το εκχύλισμα αμυγδάλου.
d) Ζυμώνουμε τη ζύμη μέχρι να γίνει κολλώδης.
e) Δημιουργήστε μικρές μπάλες από κομμάτια ζύμης μήκους 1 ίντσας.
f) Προθερμαίνουμε το φούρνο στους 350°F και λαδώνουμε ένα ταψί. Τοποθετήστε τις μπάλες στο ταψί.
g) Προθερμαίνουμε το φούρνο στους 350°F και ψήνουμε τα μπισκότα για 8 λεπτά.
h) Σε ένα μπολ ανακατεύουμε το λικέρ γλυκάνισετ, τη ζάχαρη ζαχαροπλαστικής και 2 κουταλιές της σούπας ζεστό νερό.
i) Τέλος, βουτάμε τα μπισκότα στο γλάσο όσο είναι ακόμα ζεστά.

8. Φλαν καραμέλα

Κάνει: 4

ΣΥΣΤΑΤΙΚΑ:
- 1 κουταλιά της σούπας εκχύλισμα βανίλιας
- 4 αυγά
- 2 κουτάκια γάλα (1 εβαπορέ και 1 ζαχαρούχο)
- 2 φλιτζάνια σαντιγί
- 8 κουταλιές της σούπας ζάχαρη

ΟΔΗΓΙΕΣ:
a) Προθερμαίνουμε το φούρνο στους 350 βαθμούς Φαρενάιτ.
b) Σε ένα αντικολλητικό τηγάνι λιώνουμε τη ζάχαρη σε μέτρια φωτιά μέχρι να ροδίσει.
c) Ρίχνουμε τη υγροποιημένη ζάχαρη σε μπεν μαρί όσο είναι ακόμα ζεστό.
d) Σε ένα ταψί σπάμε και χτυπάμε τα αυγά. Συνδυάστε το συμπυκνωμένο γάλα, το εκχύλισμα βανίλιας, την κρέμα γάλακτος και το ζαχαρούχο γάλα σε ένα μπολ ανάμειξης. Κάντε ένα ενδελεχές μείγμα.
e) Ρίχνουμε το κουρκούτι στο λιωμένο ταψί με επικάλυψη ζάχαρης. Τοποθετήστε το τηγάνι σε ένα μεγαλύτερο τηγάνι με 1 ίντσα βραστό νερό.
f) Ψήνουμε για 60 λεπτά.

9. **Κέικ κούπας μπισκότων ζάχαρης**

ΣΥΣΤΑΤΙΚΑ:

- 2 κουταλιές της σούπας υποκατάστατο αυγού
- 2 κουταλιές της σούπας βούτυρο, μαλακωμένο
- ⅓ φλιτζάνι αλεύρι
- 3 κουταλιές της σούπας ζάχαρη
- 1 κουταλάκι του γλυκού βανίλια
- 3 κουταλιές της σούπας Baileys
- 2 κουταλιές της σούπας rainbow sprinkles
- 1 φλιτζάνι ζάχαρη άχνη
- 2-3 σταγόνες ροζ ή κόκκινο χρώμα τροφίμων

ΟΔΗΓΙΕΣ:

a) Σε ένα μπολ, ανακατέψτε μαζί το υποκατάστατο αυγού, το βούτυρο, το αλεύρι, τη ζάχαρη, τη βανίλια, 2 κουταλιές της σούπας Baileys και 1 κουταλιά της σούπας ουράνιο τόξο πασπαλίζουμε.
b) Τοποθετήστε σε μια επιπλέον κούπα.
c) Ψήστε στο μικροκύματα για 60 δευτερόλεπτα, σκουπίστε οποιαδήποτε από τις κουρκούλες που έχουν φυσαλίδες πάνω από την άκρη και, στη συνέχεια, επιστρέψτε στο φούρνο μικροκυμάτων για επιπλέον 30 δευτερόλεπτα.
d) Βγάζουμε το κέικ και το βάζουμε στο ψυγείο.
e) Όσο κρυώνει, ανακατεύουμε μαζί τη ζάχαρη άχνη, 1 κουταλιά της σούπας Baileys και τη χρωστική τροφίμων.
f) Περιχύστε το ελαφρώς ζεστό κέικ.

10. **Babka με σάλτσα Baileys**

Κάνει: 1 μερίδα

ΣΥΣΤΑΤΙΚΑ:
- ¼ φλιτζάνι Γάλα
- 1 συσκευασία Ξηρή μαγιά
- ¼ φλιτζάνι ζεστό νερό
- ¼ φλιτζάνι Ζάχαρη
- ¼ φλιτζάνι Μαργαρίνη, μαλακωμένη
- 3 Αυγά
- 2⅓ φλιτζάνι Αλεύρι, κοσκινισμένο
- ¼ φλιτζανιού Γλασαρισμένα φρούτα, ανάμεικτα
- ¼ φλιτζάνι μαύρες σταφίδες

Σάλτσα BAILEYS:
- ⅓ φλιτζάνι Νερό
- ½ φλιτζάνι Ζάχαρη
- 2 κουταλιές της σούπας Baileys

ΟΔΗΓΙΕΣ:
a) Ζεσταίνουμε το γάλα σε μια μικρή κατσαρόλα μέχρι να ζεσταθεί και να κρυώσει έως χλιαρό.
b) Ρίξτε τη μαγιά πάνω από το νερό σε ένα μεγάλο μπολ και ανακατέψτε να διαλυθεί.
c) Προσθέστε το γάλα, το ¼ φλιτζάνι ζάχαρη, τη μαλακωμένη νμαργαρίνη, τα αυγά και το αλεύρι.
d) Χτυπάμε με το ηλεκτρικό μείγμα σε χαμηλή ταχύτητα μέχρι να ομογενοποιηθούν και να ομογενοποιηθούν.
e) Καλύψτε το έντερο με μια πετσέτα και αφήστε το μείγμα να φουσκώσει σε ζεστό μέρος μέχρι να αφρατέψει, περίπου μία ώρα.
f) Λαδώνουμε και αλευρώνουμε ταψί φόρμας. Ανακατέψτε τα ζαχαρωμένα φρούτα και τις σταφίδες σε ζύμη.
g) Μετατρέψτε σε προετοιμασμένη φόρμα. Σκεπάζουμε και αφήνουμε τη ζύμη να φτάσει σχεδόν στην κορυφή του ταψιού για περίπου 1 ώρα περίπου.
h) Ψήνετε σε προθερμασμένο φούρνο στους 350°C για περίπου 30 με 40 λεπτά ή δοκιμασμένο και χρυσαφί.

Σάλτσα BAILEYS:
i) Ζεσταίνουμε το νερό μέχρι να βράσει και ανακατεύουμε τη ζάχαρη να διαλυθεί.
j) Αποσύρουμε από τη φωτιά και προσθέτουμε Baileys.
k) Αμέσως μόλις βγάλετε το κέικ από το φούρνο, τρυπήστε το πάνω μέρος με το πιρούνι και το κουτάλι με τη σάλτσα Baileys.
l) Αφήστε το κέικ να μείνει στο ταψί και να κρυώσει στη σχάρα για 1 ώρα.
m) Αφαιρέστε προσεκτικά και σερβίρετε το κέικ ζεστό.

11. **Φοντί Caramel Baileys**

Κάνει: 12 μερίδες

ΣΥΣΤΑΤΙΚΑ:
- 7 ουγγιές καραμέλες
- ¼ φλιτζάνι μινιατούρες marshmallows
- ⅓ φλιτζάνι κρέμα σαντιγί
- 2 κουταλάκια του γλυκού Baileys

ΟΔΗΓΙΕΣ:
a) Συνδυάστε τις καραμέλες και την κρέμα σε κατσαρόλα.
b) Σκεπάζουμε και ζεσταίνουμε μέχρι να λιώσει, για 30 με 60 λεπτά.
c) Προσθέστε marshmallows και Baileys.
d) Σκεπάζουμε και συνεχίζουμε το μαγείρεμα για 30 λεπτά.
e) Σερβίρετε με φέτες μήλου ή κέικ.

12.   Πικάντικο ιταλικό κέικ με δαμάσκηνο

Κάνει: 12 μερίδες

ΣΥΣΤΑΤΙΚΑ:
- 2 φλιτζάνια Ιταλικά χωρίς κουκούτσι και σε τέταρτα
- Δαμάσκηνα-δαμάσκηνα, μαγειρεμένα μέχρι
- Μαλακό και δροσερό
- 1 φλιτζάνι βούτυρο ανάλατο, μαλακωμένο
- 1¾ φλιτζάνι κρυσταλλική ζάχαρη
- 4 Αυγά
- 3 φλιτζάνια αλεύρι κοσκινισμένο
- ¼ φλιτζάνι ανάλατο βούτυρο
- ½ κιλό ζάχαρη άχνη
- 1 ½ κουταλιά της σούπας κακάο χωρίς ζάχαρη
- Ρίξε αλάτι
- 1 κουταλάκι του γλυκού Κανέλα
- ½ κουταλάκι του γλυκού τριμμένο γαρύφαλλο
- ½ κουταλάκι του γλυκού αλεσμένο μοσχοκάρυδο
- 2 κουταλάκια του γλυκού μαγειρική σόδα
- ½ φλιτζάνι Γάλα
- 1 φλιτζάνι Καρύδια, ψιλοκομμένα
- 2 έως 3 κουταλιές της σούπας δυνατή, ζεστή
- Καφές
- ¾ κουταλάκι του γλυκού Βανίλια

ΟΔΗΓΙΕΣ:

a) Προθερμάνετε το φούρνο στους 350°F. Βουτυρώνουμε και αλευρώνουμε ένα ταψί Bundt 10 ιντσών.

b) Σε μια μεγάλη λεκάνη ανακάτεψε το βούτυρο και τη ζάχαρη μέχρι να αφρατέψουν.

c) Χτυπάμε ένα ένα τα αυγά.

Συνδυάστε το αλεύρι, τα μπαχαρικά και τη μαγειρική σόδα σε ένα σουρωτήρι. Στα τρίτα προσθέτουμε το μείγμα του αλευριού στο μείγμα βουτύρου εναλλάξ με το γάλα. Χτυπάμε μόνο να ενωθούν τα υλικά.

d) Προσθέστε τα βρασμένα δαμάσκηνα και τα καρύδια και ανακατέψτε να ενωθούν. Βάλτε το σε έτοιμο ταψί και ψήστε για 1 ώρα σε φούρνο στους 350°F ή μέχρι το κέικ να αρχίσει να συρρικνώνεται από τις πλευρές του ταψιού.

e) Για να φτιάξετε το frosting, κρεμάστε μαζί το βούτυρο και τη ζάχαρη ζαχαροπλαστικής. Προσθέστε σταδιακά τη ζάχαρη και τη σκόνη κακάο, ανακατεύοντας συνεχώς μέχρι να ομογενοποιηθούν. Αλατοπιπερώνουμε.

f) Ρίξτε μια μικρή ποσότητα καφέ κάθε φορά.

g) Χτυπάμε μέχρι να αφρατέψουν και μετά προσθέτουμε τη βανίλια και διακοσμούμε το κέικ.

13. Καταλανική κρέμα

Κάνει: 3

ΣΥΣΤΑΤΙΚΑ:
- 4 κρόκοι αυγών
- 1 κανέλα (ξυλάκι)
- 1 λεμόνι (ξύσμα)
- 2 κουταλιές της σούπας άμυλο καλαμποκιού
- 1 φλιτζάνι ζάχαρη
- 2 φλιτζάνια γάλα
- 3 φλιτζάνια φρέσκα φρούτα (μούρα ή σύκα)

ΟΔΗΓΙΕΣ:
a) Σε ένα τηγάνι, χτυπήστε μαζί τους κρόκους αυγών και μια μεγάλη μερίδα από τη ζάχαρη. Ανακατεύουμε μέχρι το μείγμα να γίνει αφρός και λείο.
b) Προσθέστε το ξυλάκι κανέλας με το ξύσμα λεμονιού. Κάντε ένα ενδελεχές μείγμα.
c) Ανακατεύουμε το καλαμποκάλευρο και το γάλα. Σε χαμηλή φωτιά ανακατεύουμε μέχρι να πήξει το μείγμα.
d) Βγάζετε την κατσαρόλα από το φούρνο. Αφήστε να κρυώσει για λίγα λεπτά.
e) Τοποθετούμε το μείγμα σε ραμεκίν και το αφήνουμε στην άκρη.
f) Αφήνουμε στην άκρη για τουλάχιστον 3 ώρες στο ψυγείο.
g) Όταν είναι έτοιμο να σερβίρετε, περιχύστε με την υπόλοιπη ζάχαρη τα ραμεκίν.
h) Τοποθετήστε τα ramekins στο κάτω ράφι του λέβητα. Αφήνουμε τη ζάχαρη να λιώσει μέχρι να πάρει ένα χρυσαφένιο χρώμα.
i) Ως γαρνιτούρα, σερβίρετε με φρούτα.

14. Σορμπέ αμυγδάλου

Φτιάχνει: 1 μερίδα

ΣΥΣΤΑΤΙΚΑ:
- 1 φλιτζάνι ασπρισμένα αμύγδαλα? φρυγανισμένο
- 2 φλιτζάνια νερό πηγής
- ¾ φλιτζάνι Ζάχαρη
- 1 πρέζα Κανέλα
- 6 κουταλιές της σούπας σιρόπι καλαμποκιού Light
- 2 κουταλιές της σούπας Amaretto
- 1 κουταλάκι του γλυκού ξύσμα λεμονιού

ΟΔΗΓΙΕΣ:
a) Σε έναν επεξεργαστή τροφίμων, αλέστε τα αμύγδαλα σε σκόνη. Σε μια μεγάλη κατσαρόλα, ανακατεύουμε το νερό, τη ζάχαρη, το σιρόπι καλαμποκιού, το λικέρ, το ξύσμα και την κανέλα και μετά προσθέτουμε τους αλεσμένους ξηρούς καρπούς.
b) Σε μέτρια φωτιά ανακατεύουμε συνεχώς μέχρι να διαλυθεί η ζάχαρη και να βράσει το μείγμα. 2 λεπτά σε βράση
c) Αφήνουμε στην άκρη να κρυώσει Χρησιμοποιώντας μια παγωτομηχανή, ανακατεύουμε το μείγμα μέχρι να παγώσει.
d) Αν δεν έχετε παγωτομηχανή, μεταφέρετε το μείγμα σε ένα ανοξείδωτο μπολ και παγώστε μέχρι να σφίξει, ανακατεύοντας κάθε 2 ώρες.

15. Τυρί μασκαρπόνε Τιραμισού

Κάνει: 6

ΣΥΣΤΑΤΙΚΑ:
- 4 κρόκοι αυγών
- ¼ φλιτζάνι λευκή ζάχαρη
- 1 κουταλιά της σούπας εκχύλισμα βανίλιας
- ½ φλιτζάνι σαντιγί
- 2 φλιτζάνια τυρί μασκαρπόνε
- 30 κυρία-δάχτυλα
- 1 ½ φλιτζάνι παγωμένος καφές που διατηρείται στο ψυγείο
- ¾ φλιτζάνι λικέρ Frangelico
- 2 κουταλιές της σούπας σκόνη κακάο χωρίς ζάχαρη

ΟΔΗΓΙΕΣ:
a) Σε ένα μπολ, χτυπήστε μαζί τους κρόκους αυγών, τη ζάχαρη και το εκχύλισμα βανίλιας μέχρι να γίνουν κρέμα.
b) Μετά από αυτό, χτυπήστε τη σαντιγί μέχρι να σφίξει.
c) Συνδυάστε το τυρί μασκαρπόνε και τη σαντιγί.
d) Σε ένα μικρό μπολ, διπλώνουμε ελαφρά το μασκαρπόνε στους κρόκους των αυγών και αφήνουμε στην άκρη.
e) Συνδυάστε το λικέρ με τον κρύο καφέ.
f) Βουτήξτε αμέσως τα ladyfingers στο μείγμα του καφέ. Εάν τα δάχτυλα της γυναίκας βρέχονται πολύ, θα μουσκέψουν.
g) Τοποθετήστε τα μισά από τα ladyfingers στο κάτω μέρος ενός ταψιού 9x13 ιντσών.
h) Τοποθετούμε από πάνω το μισό μείγμα της γέμισης.
i) Τοποθετήστε τα υπόλοιπα ladyfingers από πάνω.
j) Τοποθετήστε ένα κάλυμμα πάνω από το πιάτο. Μετά από αυτό, ψύξτε για 1 ώρα.
k) Πασπαλίζουμε με σκόνη κακάο.

16. Vegan Tiramisù

Κάνει: 6 μερίδες

ΣΥΣΤΑΤΙΚΑ:
- 1 φλιτζάνι σφιχτό τόφου, στραγγισμένο και συμπιεσμένο
- Δοχείο 8 ουγκιών vegan τυρί κρέμα
- 1/2 φλιτζάνι vegan παγωτό βανίλια, μαλακωμένο
- 1 κουταλάκι του γλυκού καθαρό εκχύλισμα βανίλιας
- 1/3 φλιτζάνι συν 1 κουταλιά της σούπας λεπτή ζάχαρη
- 1/2 φλιτζάνι καφέ, κρυωμένος σε θερμοκρασία δωματίου
- 2 κουταλιές της σούπας λικέρ καφέ
- 1 κέικ vegan pound, κομμένο σε φέτες πάχους 1/2 ίντσας
- 1 κουταλιά της σούπας σκόνη κακάο χωρίς ζάχαρη

ΟΔΗΓΙΕΣ:
a) Σε έναν επεξεργαστή τροφίμων, συνδυάστε το τόφου, το τυρί κρέμα, το παγωτό, τη βανίλια και το 1/3 φλιτζάνι ζάχαρη. Επεξεργαστείτε μέχρι να ομογενοποιηθούν και να αναμειχθούν καλά.
b) Σε ένα μικρό μπολ ανακατεύουμε τον καφέ, την υπόλοιπη 1 κουταλιά της σούπας ζάχαρη και το λικέρ καφέ.
c) Τοποθετήστε μια στρώση από φέτες κέικ σε ένα τετράγωνο ταψί 8 ιντσών και αλείψτε με το μισό μείγμα του καφέ. Πασπαλίζουμε με το μισό κακάο. Απλώστε το μισό μείγμα tofu πάνω από το κέικ. Τοποθετήστε άλλη μια στρώση από φέτες κέικ πάνω από το μείγμα tofu. Αλείφουμε με το υπόλοιπο μείγμα καφέ και αλείφουμε ομοιόμορφα με το υπόλοιπο μείγμα τόφου. Πασπαλίζουμε με το υπόλοιπο κακάο. Ψύξτε 1 ώρα πριν το σερβίρετε.

17. Panna Cotta με μπιζέλι με πεταλούδα

Κάνει: 4 μερίδες

ΣΥΣΤΑΤΙΚΑ:
- 1/2 φλιτζάνι πλήρες γάλα
- 2 φλιτζάνια παχύρρευστη κρέμα
- 1/4 φλιτζάνι κρυσταλλική ζάχαρη
- 3 φύλλα ζελατίνη
- 2 κουταλιές της σούπας αποξηραμένα άνθη μπιζελιού πεταλούδας
- 1/2 κουταλάκι του γλυκού εκχύλισμα βανίλιας

ΟΔΗΓΙΕΣ

a) Εάν σκοπεύετε να ξεφορμάρετε την πανακότα σε πιάτα, αλείψτε ελαφρά το εσωτερικό των ποτηριών με φυτικό λάδι και χρησιμοποιήστε μια χαρτοπετσέτα για να σκουπίσετε το μεγαλύτερο μέρος του λαδιού, αφήνοντας μόνο ένα ελαφρύ υπόλειμμα. Διαφορετικά, μπορείτε να τα αφήσετε χωρίς επικάλυψη.
b) Μουλιάζουμε το φύλλο ζελατίνης σε κρύο νερό μέχρι να μαλακώσει. Αφήνω στην άκρη.
c) Σε μια μέτρια κατσαρόλα ζεσταίνουμε το γάλα, την κρέμα γάλακτος και τη ζάχαρη μέχρι να σιγοβράσουν, αλλά δεν βράζουν.
d) Αποσύρουμε από τη φωτιά.
e) Στύβουμε τη ζελατίνη να φύγει το περιττό νερό και την προσθέτουμε στο τηγάνι ανακατεύοντας συνεχώς μέχρι να λιώσει η ζελατίνη.
f) Προσθέστε εκχύλισμα βανίλιας και αποξηραμένα άνθη μπιζελιού πεταλούδας. Αφήστε το μείγμα να βράσει για 15 λεπτά ή μέχρι το μείγμα να γίνει μπλε.
g) Στραγγίζουμε το μείγμα από μια λεπτή σήτα και αδειάζουμε ομοιόμορφα ανάμεσα στα προετοιμασμένα καλούπια. Αφήνουμε στο ψυγείο μέχρι να δέσει για τουλάχιστον 4 ώρες ή όλη τη νύχτα.
h) Για να αφαιρέσετε από τη φόρμα, βυθίστε τον πάτο της φόρμας σε μια κατσαρόλα με ζεστό νερό για 5 δευτερόλεπτα για να χαλαρώσει η πανακότα. Σύρετε ένα μαχαίρι γύρω από την άκρη και, στη συνέχεια, αναποδογυρίστε το προσεκτικά σε ένα πιάτο σερβιρίσματος.
i) Σερβίρεται καλύτερα κρύο.

18.   Πανακότα καρύδας βανίλιας με σάλτσα μούρων ιβίσκου

Κάνει: 2 μεγάλες μερίδες

ΒΑΝΙΛΙΑ ΠΑΝΚΟΤΑ ΚΑΡΥΔΑΣ:
- 1 συσκευασία κοκκοποιημένη ζελατίνη
- 3/4 φλιτζάνι γάλα καρύδας
- 1 φλιτζάνι κρέμα καρύδας
- 1 φλιτζάνι παχύρρευστη κρέμα
- 2 κουταλιές της σούπας ζάχαρη άχνη
- 1/2 κουταλάκι του γλυκού πάστα φασολιών βανίλιας

ΣΑΛΤΣΑ ΜΟΥΡΟΥ ΙΒΙΣΚΟΥ
- 1/2 φλιτζάνι φρέσκα ή κατεψυγμένα ανάμεικτα μούρα
- 4 αποξηραμένα άνθη ιβίσκου
- 1/4 κουταλιά της σούπας ζάχαρη άχνη

ΟΔΗΓΙΕΣ
ΒΑΝΙΛΙΑ ΠΑΝΚΟΤΑ ΚΑΡΥΔΑΣ:
a) Προετοιμάστε τέσσερις 4 ουγγιές ραμεκίν, καλούπια ή ποτήρια αλείφοντας πολύ ελαφρά με λάδι καρύδας ή φυτικό λάδι. Μπορείτε να παραλείψετε αυτό το βήμα αν δεν τοποθετήσετε πάνω στο καλούπι την πανακότα. Ως καλούπια χρησιμοποίησα 4 ποτήρια γαλλικού κρασιού. αλλά θα μπορούσατε εύκολα να το αφήσετε στο ποτήρι για το σερβίρισμα.
b) Σε ένα μικρό μπολ, πασπαλίζουμε τη ζελατίνη πάνω από 3 κουταλιές της σούπας δροσερό νερό. Ανακατεύουμε και αφήνουμε να μαλακώσει.
c) Σε ένα μικρό τηγάνι σε μέτρια φωτιά, ζεσταίνουμε μαζί το γάλα καρύδας και την κρέμα γάλακτος μέχρι να αρχίσει να βγάζει φουσκάλες στις άκρες. Χαμηλώνουμε τη φωτιά και προσθέτουμε τη μαλακωμένη ζελατίνη, ανακατεύοντας μέχρι να λιώσει τελείως.
d) Αποσύρουμε την κατσαρόλα από τη φωτιά και ετοιμάζουμε ένα μεγάλο μπολ με παγωμένο νερό. Στραγγίστε το μείγμα ζελατίνης καρύδας σε ένα ελαφρώς μικρότερο μπολ και τοποθετήστε αυτό το μπολ στο παγωμένο νερό. Ξύστε απαλά το μπολ με μια λαστιχένια σπάτουλα και ανακατέψτε μέχρι το

μείγμα να κρυώσει και να αρχίσει να πήζει. Αν το μείγμα αρχίσει να πήζει αφαιρέστε το αμέσως.

e) Ρίξτε το παγωμένο νερό από το μεγάλο μπολ και σκουπίστε το. Βάζετε την παχύρρευστη κρέμα στο μπολ και ανακατεύετε τη ζάχαρη άχνη μέχρι να διαλυθεί. Προσθέστε σταδιακά τη ζελατίνη καρύδας μέχρι να αναμειχθεί πλήρως. Προσπαθήστε να μην ανακατεύετε έντονα για να μην σχηματιστούν φυσαλίδες αέρα.

f) Ρίξτε το μείγμα στα ραμεκινάκια, τα ποτήρια ή τα καλούπια της προετοιμασίας σας. Το βάζουμε στο ψυγείο για τουλάχιστον 4 ώρες ή μέχρι να δέσει.

g) Για να ξεφορμάρετε την πανακότα σας, περάστε τα πλαϊνά της φόρμας σας κάτω από ζεστό νερό μέχρι να αρχίσει να χαλαρώνει. Χρησιμοποιήστε το δάχτυλό σας για να τραβήξετε απαλά την πανακότα από την άκρη. Στη συνέχεια, αναποδογυρίστε στο πιάτο σερβιρίσματος.

Σάλτσα μούρων ΙΒΙΣΚΟΥ:

h) Σε ένα μικρό τηγάνι σε μέτρια δυνατή φωτιά, ανακατεύουμε 1 φλιτζάνι νερό με άχνη ζάχαρη. Αφήνουμε να πάρει μια βράση και αφήνουμε να βράσει για 1 λεπτό. Αποσύρουμε από τη φωτιά και προσθέτουμε τα άνθη του ιβίσκου. Αφήνουμε στην άκρη και αφήνουμε να βράσει για 30 λεπτά.

i) Αφαιρέστε τα άνθη ιβίσκου από το σιρόπι και πετάξτε ή κρατήστε το για γαρνίρισμα. Προσθέστε τα μούρα στο τηγάνι και τοποθετήστε ξανά στη φωτιά και ζεστάνετε σε μέτρια υψηλή.

j) Αφήνουμε να πάρει μια χαμηλή βράση και μαγειρεύουμε μέχρι να πήξει ελαφρώς. Εάν χρησιμοποιείτε κατεψυγμένα μούρα, προσπαθήστε να μην ανακατεύετε πολύ, σπάστε τα μούρα ή κρατήστε το 1/4 των μούρων που θα προστεθούν αφού η σάλτσα αρχίσει να πήζει.

k) Βάζετε τη σάλτσα στο ψυγείο και την αφήνετε να κρυώσει για τουλάχιστον 2 ώρες πριν τη σερβίρετε.

19. **Πανακότα με σιρόπι βατόμουρου και λιλά**

Φτιάχνει: 2 Πανακότα

ΣΥΣΤΑΤΙΚΑ:
ΓΙΑ ΤΟ ΣΙΡΟΠΙ ΛΙΛΑΚΑ
- 1 φλιτζάνι λουλούδια λιλά
- 240 γρ λευκή ζάχαρη
- 250 ml νερό

ΓΙΑ ΤΗΝ ΠΑΝΝΑΚΟΤΑ
- 3 γραμμάρια φύλλο ζελατίνης
- 200 ml κρέμα γάλακτος πλήρης
- 80 γραμμάρια βατόμουρα
- 30 γραμμάρια σιρόπι πασχαλιάς
- 40 γραμμάρια λευκή ζάχαρη

ΓΙΑ ΤΟ ΜΠΟΥΡΤΟΥ ΚΟΥΛΙ
- 100 γραμμάρια φρέσκα βατόμουρα
- 30 γραμμάρια λευκή ζάχαρη
- 10 ml χυμό λεμονιού

ΓΙΑ ΤΗ ΛΕΥΚΗ ΣΟΚΟΛΑΤΑ ΓΚΑΝΑΣ
- 60 γραμμάρια κρέμα γάλακτος
- 100 γραμμάρια λευκή σοκολάτα

ΓΙΑ ΕΠΙΣΤΡΩΜΑ
- 5-8 βατόμουρα ανά πιάτο
- Μια μικρή χούφτα λουλούδια λιλά

ΓΙΑ ΤΟ ΣΙΡΟΠΙ ΛΙΛΑΚΑ
a) Αφαιρέστε τα μεμονωμένα λουλούδια λιλά από το στέλεχος τους. Φροντίστε να πάρετε μόνο τα μωβ λουλούδια, να απορρίψετε όλα τα καφέ λουλούδια και τους πράσινους μίσχους. Πλύνετε τα λουλούδια λιλά.
b) Σε μια κατσαρόλα βάζουμε τα λουλούδια, τη ζάχαρη και το νερό. Σε μέτρια φωτιά, αφήνουμε να σιγοβράσει και συνεχίζουμε να σιγοβράζουμε για 10 λεπτά. Αποσύρουμε από τη φωτιά και στραγγίζουμε με ένα συρμάτινο σουρωτήρι. Χρησιμοποιήστε το πίσω μέρος ενός μεταλλικού κουταλιού για να αφαιρέσετε όσο το δυνατόν περισσότερο χρώμα και γεύση από τα λουλούδια.

c) Αφήνουμε το σιρόπι να κρυώσει σε θερμοκρασία δωματίου και μετά βάζουμε στο ψυγείο. Μπορεί να γίνει μια εβδομάδα νωρίτερα.

ΓΙΑ ΤΗΝ ΠΑΝΝΑΚΟΤΑ

d) Τοποθετούμε τα φύλλα ζελατίνης σε τόσο κρύο νερό ώστε να καλύπτονται τα φύλλα. Αν δεν τα έχετε ξαναχρησιμοποιήσει, μην ανησυχείτε μήπως διαλυθούν τα φύλλα ζελατίνης, θα κρατηθούν σαν φύλλο στο κρύο νερό αλλά θα γίνουν δισκέτα.

e) Σε μια κατσαρόλα βάζουμε την κρέμα γάλακτος, τα βατόμουρα, το σιρόπι πασχαλιάς και τη ζάχαρη. Σε μέτρια φωτιά αφήνουμε να σιγοβράσει σχεδόν. Όταν αρχίσετε να βλέπετε φυσαλίδες, αφαιρέστε από τη φωτιά και ανακατέψτε με ένα μπλέντερ μέχρι να γίνει λείο. Επιστρέψτε σε μέτρια φωτιά και αφήστε να σιγοβράσει. Αποσύρουμε από τη φωτιά.

f) Πάρτε φύλλα ζελατίνης από το νερό και τινάξτε το υπερβολικό νερό. Προσθέστε στη ζεστή κρέμα και ανακατέψτε απαλά μέχρι να διαλυθεί και να ενσωματωθεί καλά.

g) Στραγγίζουμε το μείγμα της πανακότα με ένα συρμάτινο σουρωτήρι. Ρίξτε σε φορμάκια και κρυώστε σε θερμοκρασία δωματίου ακάλυπτα. Αυτό θα διαρκέσει τουλάχιστον μία ώρα. Μόλις έρθει σε θερμοκρασία δωματίου, σκεπάστε και βάλτε το στο ψυγείο όλο το βράδυ. Μπορεί να γίνει μερικές μέρες νωρίτερα.

ΓΙΑ ΤΟ ΜΠΟΥΡΤΟΥ ΚΟΥΛΙ

h) Φτιάξτε το κουλούρι με βατόμουρο την ημέρα του σερβιρίσματος. Προσθέστε τα βατόμουρα, τη ζάχαρη και το χυμό λεμονιού σε μια κατσαρόλα και ανακατέψτε με ένα μπλέντερ μέχρι να ομογενοποιηθούν. Σε μέτρια φωτιά, αφήνουμε να σιγοβράσει και σιγοβράζουμε μέχρι να πήξει το κουλούρι. Παρόμοια με τη συνοχή της παραδοσιακής μαρμελάδας αλλά όχι στεγνή.

i) Αφήνουμε στην άκρη και αφήνουμε να κρυώσει σε θερμοκρασία δωματίου.

ΓΙΑ ΤΗ ΓΚΑΝΑΣΙ

j) Κόβουμε τη σοκολάτα σε μικρά κομμάτια ή τρίμματα και τη βάζουμε σε ένα καθαρό μπολ. Αφήνω στην άκρη.

k) Σε μια μικρή κατσαρόλα βάζουμε την κρέμα. Σε μέτρια φωτιά αφήνουμε να σιγοβράσει. Μην παίρνεις τα μάτια σου από πάνω. Η κρέμα τείνει να βράζει πολύ γρήγορα. Αποσύρουμε από τη φωτιά και το χτυπάμε στη λευκή σοκολάτα. Συνεχίστε το χτύπημα μέχρι να διαλυθεί τελείως η σοκολάτα και να έχετε μια λεία ganache. Αδειάζετε σε ένα μικρό σκεύος αδειάσματος. Τα μεμονωμένα σκάφη ανά επισκέπτη είναι προσεκτικά, αλλά αν βρίσκονται σε κοινόχρηστο σκάφος, ο αγώνας για το υπόλοιπο ganache μπορεί να κάνει τα πράγματα διασκεδαστικά.

l) Όσον αφορά τον χρόνο κατά τη διάρκεια του δείπνου, κάντε τη ganache όσο το δυνατόν πιο κοντά στο σερβίρισμα. Βάζω την κατσαρόλα με την κρέμα στο ψυγείο και αφήνω την ξυρισμένη σοκολάτα στο μπολ σε θερμοκρασία δωματίου έτοιμη και σε αναμονή. Όταν τελειώσει το κυρίως πιάτο, φτιάχνω γρήγορα τη γκανάζ και τη ρίχνω στο σκεύος σερβιρίσματος. Στη συνέχεια πλάθω την πανακότα.

ΕΠΙΜΕΤΑΛΛΩΣΗ

m) Βεβαιωθείτε ότι τα σκεύη, τα πιάτα και όλα τα υλικά σας είναι δροσερά σε θερμοκρασία δωματίου. Βάζοντας οτιδήποτε ζεστό πάνω ή κάτω από την πανακότα θα τη λιώσει. Πλένουμε τα φρέσκα λουλούδια λιλά και τα βατόμουρα και τα βάζουμε σε μια πετσέτα να στεγνώσουν.

n) Για να αφαιρέσετε την πανακότα από τις φόρμες, πάρτε ένα κοφτερό μαχαίρι. Κρατώντας την πανακότα στο πλάι, τοποθετήστε την αιχμή του μαχαιριού ανάμεσα στο εσωτερικό της φόρμας και την πανακότα. Σπρώξτε το μαχαίρι αργά προς τα μέσα προσέχοντας να μην τρυπήσετε την πανακότα. Το βάρος της πανακότα θα αρχίσει να την απομακρύνει από τις άκρες του καλουπιού, αφήστε τη βαρύτητα να σας βοηθήσει. Μόλις αρχίσει να ξεφλουδίζει, αρχίστε να τυλίγετε σταδιακά τη φόρμα μέχρι να ξεφλουδίσει εντελώς από τις άκρες. Συνεχίστε να κρατάτε το καλούπι στο πλάι.

o) Τοποθετήστε το πιάτο στο άνοιγμα της φόρμας όσο είναι ακόμα στο πλάι, ακριβώς στο σημείο που θα θέλατε να είναι η πανακότα στο πιάτο και στη συνέχεια γυρίστε τη φόρμα ανάποδα με το πιάτο από κάτω. Όπως ακριβώς θα έβγαζες ζελέ. Αν δυσκολεύεστε να τα βγάλετε, μπορείτε να βουτήξετε γρήγορα τον πάτο της φόρμας σε πολύ ζεστό νερό, προσέξτε να μην αφήσετε καθόλου νερό στην πανακότα.

p) Χρησιμοποιώντας ένα μικρό κουτάλι, τοποθετήστε μερικά από τα κουλούρια πάνω από κάθε πανακότα. Χρησιμοποιώντας το πίσω μέρος του κουταλιού απλώνουμε προσεκτικά τα κουλούρια στην άκρη της πανακότα.

q) Διακοσμήστε κάθε πιάτο με βατόμουρα και λουλούδια. Συχνά κόβω το κάτω τρίτο από ένα από τα βατόμουρα έτσι ώστε να φαίνεται βυθισμένο στην κορυφή της πανακότα.

r) Μην ξεχάσετε να βάλετε τη γκανάζ στο τραπέζι!

20. **Πανακότα με μέλι χαμομήλι**

Κάνει: 4 μερίδες

ΣΥΣΤΑΤΙΚΑ:
- 1/2 φλιτζάνι πλήρες γάλα
- 2 φλιτζάνια παχύρρευστη κρέμα
- 1/4 φλιτζάνι κρυσταλλική ζάχαρη
- 3 φύλλα ζελατίνη
- 1/2 κουταλάκι του γλυκού εκχύλισμα βανίλιας
- 1 φλιτζάνι αποξηραμένα άνθη χαμομηλιού
- μέλι, για επικάλυψη

ΟΔΗΓΙΕΣ

a) Εάν σκοπεύετε να ξεφορμάρετε την πανακότα σε πιάτα, αλείψτε ελαφρά το εσωτερικό των ποτηριών με φυτικό λάδι και χρησιμοποιήστε μια χαρτοπετσέτα για να σκουπίσετε το μεγαλύτερο μέρος του λαδιού, αφήνοντας μόνο ένα ελαφρύ υπόλειμμα. Διαφορετικά, μπορείτε να τα αφήσετε χωρίς επικάλυψη.

b) Μουλιάζουμε το φύλλο ζελατίνης σε κρύο νερό μέχρι να μαλακώσει. Αφήνω στην άκρη.

c) Σε μια μέτρια κατσαρόλα ζεσταίνουμε το γάλα, την παχύρρευστη κρέμα γάλακτος και τη ζάχαρη μέχρι να σιγοβράσουν.

d) Αποσύρουμε από τη φωτιά.

e) Στύβουμε τη ζελατίνη να φύγει το περιττό νερό και την προσθέτουμε στο τηγάνι ανακατεύοντας συνεχώς μέχρι να λιώσει η ζελατίνη.

f) Προσθέστε εκχύλισμα βανίλιας και αποξηραμένα άνθη χαμομηλιού. Αφήστε το μείγμα να βράσει για 10-15 λεπτά.

g) Στραγγίζουμε το μείγμα από μια λεπτή σήτα και αδειάζουμε ομοιόμορφα ανάμεσα στα προετοιμασμένα καλούπια. Αφήνουμε στο ψυγείο μέχρι να δέσει για τουλάχιστον 4 ώρες ή όλη τη νύχτα.

h) Για να αφαιρέσετε από τη φόρμα, βυθίστε τον πάτο της φόρμας σε μια κατσαρόλα με ζεστό νερό για 5 δευτερόλεπτα για να χαλαρώσει η πανακότα. Σύρετε ένα μαχαίρι γύρω από την άκρη και, στη συνέχεια, αναποδογυρίστε το προσεκτικά σε ένα πιάτο σερβιρίσματος.

21. Πανακότα με γιαούρτι τριαντάφυλλο

Φτιάχνει: 2 μερίδες

ΣΥΣΤΑΤΙΚΑ:
- 1/2 φλιτζάνι φρέσκια κρέμα
- 1/2 φλιτζάνι γιαούρτι
- 1 κουταλιά της σούπας ζάχαρη
- 3 κουταλιές της σούπας σιρόπι τριαντάφυλλου
- 1/4 κουταλάκι του γλυκού τριαντάφυλλο χρώμα
- 1,5 κουταλάκι του γλυκού άγαρ άγαρ
- 1 κουταλιά της σούπας νερό
- Λίγες σταγόνες Rose Essence
- Φιστίκια Αιγίνης

ΟΔΗΓΙΕΣ:
a) Σε ένα μεγάλο μπολ ανακατεύουμε το γιαούρτι, 1 κουταλιά της σούπας κρέμα γάλακτος, το σιρόπι τριαντάφυλλου και το άρωμα τριαντάφυλλου, χτυπάμε μέχρι να ομογενοποιηθούν και να ομογενοποιηθούν.
b) Σε ένα μικρό μπολ χτυπήστε το άγαρ σε χλιαρό νερό μέχρι να ομογενοποιηθεί.
c) Σε ένα μικρό τηγάνι ή κατσαρόλα ζεσταίνουμε την υπόλοιπη κρέμα και τη ζάχαρη σε χαμηλή προς μέτρια φωτιά, ανακατεύοντας συχνά. Μόλις διαλυθεί η ζάχαρη, προσθέστε το μείγμα σκόνης άγαρ και συνεχίστε το ανακάτεμα μέχρι το μείγμα να είναι ζεστό και να σιγοβράζει αλλά να μην βράζει. Θα χρειαστούν περίπου 1-2 λεπτά. Φροντίστε να μην βράσει αυτό το μείγμα.
d) Ρίξτε τώρα αυτό το μείγμα στο μείγμα γιαουρτιού και χτυπήστε μέχρι να ομογενοποιηθεί καλά. Θα χρειαστεί να το κάνετε πιο γρήγορα καθώς το άγαρ θα αρχίσει να πήζει.
e) Μοιράστε αυτό το μείγμα πανακότα σε μπολ με λαδόκολλα ή σιλικόνη και βάλτε το στο ψυγείο μέχρι να δέσει ή τουλάχιστον για 4 ώρες.
f) Ξεφορμάρουμε Panna Cotta γιαουρτιού τριαντάφυλλου από τα ραμεκίν και σερβίρουμε με ψιλοκομμένα φιστίκια Αιγίνης από πάνω.

22. Gulab Panna Cotta

ΣΥΣΤΑΤΙΚΑ:
- 2 φλιτζάνια φρέσκια κρέμα
- 1/4 φλιτζάνι σιρόπι τριαντάφυλλου
- 2 1/2 κουταλάκι του γλυκού ζελατίνη άγαρ άγαρ
- 1/4 φλιτζάνι ζάχαρη άχνη
- όπως απαιτείται Falooda για το σερβίρισμα
- Όσο χρειάζεται Γλυκιά κρέμα τριαντάφυλλου για γαρνίρισμα
- όπως απαιτείται Μικροί κύβοι ζελέ για γαρνίρισμα
- 8-10 φρέσκα ροδοπέταλα
- 1/2 φλιτζάνι ζάχαρη
- 1/2 κουταλάκι του γλυκού υγρή γλυκόζη

ΟΔΗΓΙΕΣ:

a) Βάλτε μια κουταλιά της σούπας νερό σε ένα μπολ. Προσθέστε ζελατίνη και αφήστε την στην άκρη να ανθίσει. Ζεστάνετε την κρέμα γάλακτος σε ένα αντικολλητικό τηγάνι και βράστε. Προσθέστε ζάχαρη άχνη και ανακατέψτε καλά. Ζεστάνετε την ανθισμένη ζελατίνη σε φούρνο μικροκυμάτων για 30 δευτερόλεπτα και προσθέστε στην κρέμα. ανακατεύουμε καλά και μαγειρεύουμε μέχρι να διαλυθεί τελείως η ζελατίνη.

b) Στραγγίζουμε το μείγμα σε ένα άλλο μπολ, προσθέτουμε το σιρόπι τριαντάφυλλου και χτυπάμε καλά. Αδειάζουμε το μείγμα σε ένα γυάλινο ταψί. Αφήνουμε στο ψυγείο για 2-3 ώρες ή μέχρι να δέσει.

c) Για να γίνει το τριαντάφυλλο εύθραυστο, ζεστάνετε ένα αντικολλητικό τηγάνι, προσθέστε ζάχαρη και λίγο νερό και αφήστε τη ζάχαρη να λιώσει, ψιλοκόψτε τα ροδοπέταλα. Προσθέστε υγρή γλυκόζη στο τηγάνι και ανακατέψτε καλά. Προσθέστε ψιλοκομμένα ροδοπέταλα και ανακατέψτε. Ρίξτε το μείγμα σε πυρίτιο ματ, απλώνουμε και κρυώνουμε μέχρι να δέσει.

d) Κόβουμε την πανακότα σε στρογγυλές φέτες χρησιμοποιώντας μεσαίου μεγέθους κουπάτ και ξεφορμάρουμε.

e) Βάλτε τα στρογγυλά πανακότα σε μια ρηχή πιατέλα και βάλτε μερικά εύθραυστα κομμάτια στα πλαϊνά, κρατώντας μερικά για γαρνίρισμα. Βάλτε λίγη falooda στη μία πλευρά της pannacotta, γαρνίρετε με λίγα εύθραυστα κομμάτια και περιχύστε λίγο σιρόπι τριαντάφυλλου από πάνω. Γλωρίστε λίγο γλυκό τριαντάφυλλο κρέμα, ζελέ τριαντάφυλλου, πολύχρωμο βρώσιμο λουλούδι, πέταλα & σερβίρετε αμέσως.

23. Πανακότα με τριαντάφυλλο τζίντζερ

Κάνει: 4 μερίδες

ΣΥΣΤΑΤΙΚΑ:
- 1 φλιτζάνι Γάλα
- 1/2 φλιτζάνι Κρέμα
- 1/4 φλιτζάνι ζάχαρη ή ανάλογα με τη γεύση
- 1/4 φλιτζάνι Τζίντζερ ψιλοκομμένο
- 1 κουταλάκι του γλυκού Rose Essence
- Ξύσμα λεμονιού λίγα
- 10 γρ άγαρ άγαρ

ΟΔΗΓΙΕΣ:
a) Μουλιάζουμε άγαρ άγαρ σε νερό για 15-20 λεπτά.
b) Βάζουμε το γάλα σε μια κατσαρόλα, προσθέτουμε την κρέμα γάλακτος, τη ζάχαρη, ανακατεύουμε και βράζουμε να σιγοβράσει.
c) Προσθέστε το τζίντζερ και το ξύσμα λεμονιού, βράστε λίγα λεπτά.
d) Καλύψτε και απενεργοποιήστε. Αφήστε το να ξεκουραστεί για 20 λεπτά.
e) Τώρα σουρώνουμε το μείγμα.
f) Ξαναβάζουμε στην κατσαρόλα και σιγοβράζουμε.
g) Εν τω μεταξύ, βάζετε το μουλιασμένο άγαρ άγαρ με νερό σε ένα τηγάνι και σιγοβράζετε μέχρι να λιώσει το άγαρ άγαρ. Προσθέστε αυτό στο παραπάνω μείγμα.
h) Μαγειρέψτε μέχρι να ανακατευτούν όλα καλά. Σβήστε και προσθέστε άρωμα τριαντάφυλλου. Μείγμα. Δροσίστε λίγο.
i) Παίρνουμε οποιαδήποτε φόρμα και ρίχνουμε το μείγμα της πανακότα σιγά σιγά.
j) Διατηρείται στο ψυγείο μέχρι να δέσει.
k) Ξεφορμάρουμε και σερβίρουμε με οποιαδήποτε σάλτσα ή σιρόπι. Εδώ σέρβιρα με σάλτσα φράουλας.

24. Mini Tiramisu Trifles

Κάνει: 6 μερίδες

ΣΥΣΤΑΤΙΚΑ:
ΓΙΑ ΤΗ ΓΕΜΙΣΗ ΜΑΣΚΑΡΠΟΝΕ
- 20 oz τυρί μασκαρπόνε
- 3 κουταλιές της σούπας ζάχαρη
- 1 φλιτζάνι κρέμα σαντιγί, κρύα
- ½ φλιτζάνι ζάχαρη άχνη
- 1 κουταλάκι του γλυκού εκχύλισμα βανίλιας

ΓΙΑ ΤΙΣ ΠΥΡΕΧΟΝΤΕΣ ΠΟΥ ΜΟΥΣΚΕΤΑΙ ΜΕ ESPRESSO
- ¾ φλιτζάνι ζεστό νερό
- 3 κουταλιές της σούπας instant espresso σε σκόνη
- 3 κουταλιές της σούπας ζάχαρη
- 36 μαλακά κυρία

ΓΙΑ ΤΗ ΣΑΝΤΙΓΙ KAHLUA
- ½ φλιτζάνι βαριά σαντιγί
- ¼ φλιτζάνι ζάχαρη άχνη
- 2 κουταλιές της σούπας Kahlua

ΟΔΗΓΙΕΣ:

a) Ανακατεύουμε το τυρί μασκαρπόνε και τη ζάχαρη μέχρι να ενωθούν. Μην το ανακατεύετε υπερβολικά γιατί το τυρί μασκαρπόνε μπορεί να αραιώσει. Αφήνω στην άκρη.

b) Σε ένα άλλο μπολ, προσθέστε τη βαριά σαντιγί, τη ζάχαρη άχνη και το εκχύλισμα βανίλιας και χτυπήστε μέχρι να σχηματιστούν σφιχτές κορυφές.

c) Διπλώστε προσεκτικά τη σαντιγί στο μείγμα τυριού μασκαρπόνε. Αφήνω στην άκρη.

d) Σε ένα άλλο μπολ, ανακατέψτε το ζεστό νερό, τη σκόνη εσπρέσο και τη ζάχαρη.

e) Για να στρώσετε τα μικροσκοπικά, βυθίστε τα ladyfingers στο μείγμα του εσπρέσο ένα-ένα και τοποθετήστε τα στον πάτο της κούπας. Χρησιμοποιήστε δύο με τρία ladyfingers και σπάστε τα σε κομμάτια όσο χρειάζεται για να χωρέσουν στο κύπελλο και να δημιουργήσετε μια πλήρη στρώση.

f) Περάστε ή βάλτε με ένα κουτάλι μια στρώση γέμισης μασκαρπόνε πάνω από τα ladyfingers.

g) Επαναλάβετε άλλη μια στρώση ladyfingers και γέμιση μασκαρπόνε.

h) Αφού ολοκληρώσετε τα ψιλά φτιάχνετε τη σαντιγί.

i) Προσθέστε τη βαριά σαντιγί, τη ζάχαρη άχνη και την Kahlua σε ένα μεγάλο μπολ του μίξερ και χτυπήστε μέχρι να σχηματιστούν σφιχτές κορυφές.

j) Βάλτε ένα στροβιλισμό σαντιγί πάνω από κάθε ψιλοκόψιμο και, στη συνέχεια, πασπαλίστε με σκόνη κακάο, αν θέλετε.

k) Βάλτε τα ψιλοκομμένα στο ψυγείο μέχρι να τα σερβίρετε.

25. **Παγωτό Τιραμισού**

Κάνει: 8

ΣΥΣΤΑΤΙΚΑ:
- 2 ½ φλιτζάνια κρέμα
- 2 φλιτζάνια πλήρες γάλα
- 1 φασόλι βανίλιας, κομμένο στη μέση κατά μήκος με τους σπόρους ξεφλουδισμένους
- 8 μεγάλοι κρόκοι αυγών
- ¾ φλιτζάνι ζάχαρη
- ¼ κουταλάκι του γλυκού αλάτι
- 20 ladyfingers, συν περισσότερα για το σερβίρισμα
- ¼ φλιτζάνι δυνατός καφές δροσισμένος
- ¼ φλιτζάνι λικέρ αμαρέτο
- ½ φλιτζάνι καλής ποιότητας σάλτσα φοντάν

ΟΔΗΓΙΕΣ:

a) Συνδυάστε την κρέμα γάλακτος, το γάλα, τα ξύσμα από φασόλια βανίλιας και τον λοβό σε μια κατσαρόλα και ζεστάνετε σε μέτρια φωτιά μέχρι να ζεσταθεί αλλά όχι να βράσει.

b) Αποσύρουμε από τη φωτιά και αφήνουμε να κρυώσει, για περίπου 30 λεπτά.

c) Συνδυάστε τους κρόκους, τη ζάχαρη και το αλάτι σε ένα μεγάλο μπολ και χτυπήστε μέχρι το μείγμα να τριπλασιαστεί σε μέγεθος και να γίνει πηχτό και κρεμώδες.

d) Χαμηλώνουμε την ταχύτητα του μίξερ σε μέτρια προς χαμηλή και ρίχνουμε το μείγμα γάλακτος σιγά σιγά μέσα σε αυτό.

e) Μεταφέρετε το μείγμα ξανά στην κατσαρόλα και μαγειρέψτε σε μέτρια φωτιά, ανακατεύοντας συνεχώς, μέχρι να γίνει αρκετά πηχτό ώστε να καλύψει το πίσω μέρος ενός κουταλιού.

f) Στραγγίστε το μείγμα μέσα από ένα διχτυωτό κόσκινο σε ένα μπολ σε ένα λουτρό με παγωμένο νερό.

g) Ρίξτε το μείγμα μέσα από ένα διχτυωτό κόσκινο σε ένα μπολ σε ένα λουτρό με παγωμένο νερό.

h) Αφήνουμε στο ψυγείο για τουλάχιστον μία ώρα.

i) Παγώστε σε παγωτομηχανή.

j) Όσο το μείγμα παγώνει, ετοιμάστε τα ladyfingers. Συνδυάστε ίσα μέρη amaretto και δυνατό καφέ και βουτήξτε γρήγορα τα ladyfingers στο μείγμα, ώστε τα ladyfingers να μουλιάσουν παντού, αλλά να διατηρήσουν την τραγανότητά τους.

k) Πριν μεταφέρετε το μπολ στην κατάψυξη ή το φάτε, διπλώστε με σάλτσα fudge και μουσκεμένα ladyfingers.

l) Αφήνουμε στην κατάψυξη μέχρι να δέσει.

m) Για να σερβίρετε, τοποθετήστε πολλά ladyfingers σε ένα μπολ, περιχύστε με καφέ και μείγμα αμαρέτο και από πάνω με παγωτό τιραμισού.

26. Τάρτες Τιραμισού

Κάνει: 6 μερίδες

ΣΥΣΤΑΤΙΚΑ:
ΓΙΑ ΤΗΝ ΚΡΟΥΤΑ:
- 4 κουταλάκια του γλυκού ζάχαρη άχνη
- 2 κουταλάκια του γλυκού σκόνη κακάο ολλανδικής επεξεργασίας
- 2 κουταλιές της σούπας αλεύρι για όλες τις χρήσεις
- ½ κουταλάκι του γλυκού άμυλο καλαμποκιού
- ¼ κουταλάκι του γλυκού instant espresso σε σκόνη
- Πρέζα αλάτι
- 1 ½ κουταλιά της σούπας κρύο ανάλατο βούτυρο, κομμένο σε μικρούς κύβους
- Πιτσιλιά εκχυλίσματος βανίλιας

ΓΙΑ ΤΗ ΓΕΜΙΣΗ:
- 3 ουγκιές τυρί μασκαρπόνε, σε θερμοκρασία δωματίου
- 2 κουταλιές της σούπας ζάχαρη
- 1 ½ κουταλιά της σούπας marsala
- Πιτσιλιά εκχυλίσματος βανίλιας

ΓΙΑ ΓΑΡΝΙΡΙ:
- Μια μικρή ράβδο ημίγλυκης ή γλυκόπικρης σοκολάτας ή σκόνης κακάο ολλανδικής επεξεργασίας

ΟΔΗΓΙΕΣ:

a) Τοποθετήστε τη ζάχαρη άχνη, τη σκόνη κακάο, το αλεύρι για όλες τις χρήσεις, το καλαμποκάλευρο, τη σκόνη εσπρέσο και το αλάτι σε έναν μίνι επεξεργαστή τροφίμων. Παλμούς μερικές φορές για να συνδυαστούν.

b) Προσθέστε τους κρύους κύβους του βουτύρου και τη βανίλια και χτυπήστε μέχρι να σχηματιστούν μικρά ψίχουλα.

c) Μοιράστε τη γέμιση σε δύο ταψιά για τάρτες 3 ½ ιντσών και χρησιμοποιήστε το πίσω μέρος μιας στρογγυλεμένης κουταλιάς για να πιέσετε τα ψίχουλα στο κάτω μέρος και προς τα πάνω στις πλευρές. Βάζουμε στην κατάψυξη για τουλάχιστον 15 λεπτά.

d) Προθερμαίνουμε το φούρνο στους 325 βαθμούς.

e) Τοποθετήστε τα ταψιά για ταρτάκια σε ένα ταψί και ψήστε για 8 με 10 λεπτά. Τοποθετήστε σε μια σχάρα να κρυώσει εντελώς.

f) Σε ένα μικρό μπολ, χτυπήστε μαζί το τυρί κρέμα, τη ζάχαρη, τη marsala και τη βανίλια μέχρι να ομογενοποιηθούν.

g) Μοιράζουμε τη γέμιση στις δύο κρυωμένες κρούστες.

h) Για γαρνίρισμα, τρίψτε λίγη ημίγλυκη ή γλυκόπικρη σοκολάτα ή κοσκινίστε λίγο κακάο ολλανδικής επεξεργασίας πάνω από κάθε ταρτάκι.

27. Κύπελλα Πουτίγκα Τιραμισού Λευκής Σοκολάτας

Κάνει: 6 μερίδες

ΣΥΣΤΑΤΙΚΑ:
- 10 ιταλικά δάχτυλα κυρίας
- ½ φλιτζάνι βρασμένος καφές, δροσισμένος, χωρισμένος
- 4 ουγγιές τυρί μασκαρπόνε, μαλακωμένο
- 1 ½ φλιτζάνι γάλα
- Συσκευασία 3,9 ουγκιών Μίγμα Στιγμιαίας Πουτίγκας με Σπόρους Βανίλιας Λευκής Σοκολάτας
- Δοχείο 8 ουγγιών με σαντιγί, χωρισμένο
- τρίμματα λευκής σοκολάτας, προαιρετικά

ΟΔΗΓΙΕΣ:
a) Τοποθετήστε τα Lady Fingers σε μια πλαστική σακούλα με φερμουάρ και θρυμματίστε τα με σφυρί ή πλάστη μέχρι να σχηματιστούν χοντρά ψίχουλα.
b) Μοιράζουμε ομοιόμορφα τα ψίχουλα σε 6 μικρά πιάτα σερβιρίσματος. Χρησιμοποιήστε ένα κουταλάκι του γλυκού για να πασπαλίσετε τα ψίχουλα των γυναικείων δακτύλων με ¼ φλιτζάνι καφέ. Θα χρησιμοποιήσετε περίπου 2 κουταλάκια του γλυκού καφέ ανά πιάτο.
c) Τοποθετήστε το τυρί μασκαρπόνε, το γάλα, το ¼ φλιτζάνι καφέ και το μείγμα της πουτίγκας σε ένα μπλέντερ και ανακατέψτε σε μέτρια ταχύτητα μέχρι να ομογενοποιηθούν, περίπου 30 δευτερόλεπτα.
d) Χρησιμοποιήστε μια λαστιχένια σπάτουλα για να μεταφέρετε το μείγμα της πουτίγκας σε ένα μεγάλο μπολ. Διπλώστε το ½ της χτυπημένης επικάλυψης.
e) Περάστε με κουτάλι ή με σωλήνα τη γέμιση ομοιόμορφα ανάμεσα στα 6 πιάτα σερβιρίσματος. Καλύψτε και ψύξτε για 4 ώρες ή όλη τη νύχτα.
f) Πριν το σερβίρετε, ρίξτε από πάνω την υπόλοιπη σαντιγί και τα τρίμματα λευκής σοκολάτας.

28. Τιραμισού λεμόνι

Κάνει: 8-10

ΣΥΣΤΑΤΙΚΑ:
- 2 λεμόνια, χυμό και ξύσμα
- 4 κουταλιές της σούπας κονιάκ ή 4 κουταλιές της σούπας λευκό ρούμι
- 4 ουγγιές άχνη ζάχαρη, χωρισμένη
- Πακέτο 9 ουγγιών με δάχτυλα παντεσπάνι
- Δύο δοχεία των 9 ουγκιών τυρί μασκαρπόνε
- 4 -5 κουταλιές της σούπας τυρόπηγμα λεμονιού
- 2 μεγάλα αυγά χωρισμένα
- 150 ml κρέμα
- 1 λεμόνι, το ξύσμα, ψιλοτριμμένο ανακατεμένο με λίγη ζάχαρη demerara

ΟΔΗΓΙΕΣ:

a) Ανακατέψτε το χυμό λεμονιού, το κονιάκ και 2 ουγκιές ζάχαρη σε ένα ρηχό μπολ.
b) Αφήνουμε στην άκρη για να έχει χρόνο να διαλυθεί η ζάχαρη.
c) Ετοιμάστε ένα ταψί με ελατήριο 9 ιντσών. στρώστε το κάτω μέρος με λαδόκολλα.
d) Σε ένα πολύ καθαρό μπολ, χρησιμοποιώντας καθαρούς χτυπητήρι, χτυπήστε τα ασπράδια μέχρι να σχηματιστούν μαλακές κορυφές, ξεκινήστε με αργή, σταδιακά σε μεγαλύτερη ταχύτητα.
e) Χτυπάμε επίσης την κρέμα γάλακτος να γίνει απαλή.
f) Χτυπάμε μαζί την υπόλοιπη ζάχαρη, το μασκαρπόνε, το τυρόπηγμα λεμονιού, τους κρόκους αυγών και το ξύσμα λεμονιού.
g) Στη συνέχεια διπλώνετε την κρέμα στο μείγμα μασκαρπόνε και ακολουθούν τα ασπράδια με ένα μεταλλικό κουτάλι.
h) Ανακατέψτε το μείγμα λεμονιού/κονιάκ και βυθίστε τα δάχτυλα, στρώστε με αυτά τον πάτο του πιάτου και ρίξτε λίγο επιπλέον υγρό πάνω από τα μπισκότα, συνήθως θα έχετε αρκετά.
i) Ρίχνετε το μισό μείγμα μασκαρπόνε πάνω από τα μπισκότα, βουτάτε τα υπόλοιπα δάχτυλα και τα απλώνετε από πάνω, πασπαλίζετε ξανά με κονιάκ χυμό λεμονιού αν σας έχει μείνει και μετά το υπόλοιπο μασκαρπόνε.
j) Ισοπεδώστε το επάνω μέρος χρησιμοποιώντας ένα μαχαίρι παλέτας, καλύψτε και αφήστε το στο ψυγείο για μια νύχτα.
k) Για να το σερβίρετε, εάν το χρησιμοποιείτε, πασπαλίζετε από πάνω το μείγμα λεμονιού/ζάχαρης, αφαιρείτε από τη φόρμα, το βάζετε σε πιατέλα και το κόβετε σε φέτες.

29. Πίτα Tiramisu Spice κολοκύθας

Φτιάχνει: Μία πίτα 9 ιντσών

ΣΥΣΤΑΤΙΚΑ:
- 1 ½ φλιτζάνι παχύρρευστη κρέμα
- 2 μεγάλα αυγά χωρισμένα
- ⅓ φλιτζάνι συν 1 κουταλιά της σούπας ζάχαρη
- 1 φλιτζάνι μασκαρπόνε, σε θερμοκρασία δωματίου
- ½ φλιτζάνι πουρέ κολοκύθας σε κονσέρβα
- 1 ½ κουταλάκι του γλυκού μπαχαρικό για κολοκυθόπιτα
- 1 ½ φλιτζάνι βρασμένος εσπρέσο, σε θερμοκρασία δωματίου
- Συσκευασία 5,3 ουγκιών ladyfingers
- Γλυκόπικρη ή ημίγλυκη σοκολάτα, για ξύρισμα

ΟΔΗΓΙΕΣ:

a) Στο μπολ ενός μίξερ με βάση το εξάρτημα για το σύρμα, χτυπήστε την κρέμα σε μέτρια προς υψηλή ταχύτητα μέχρι να σχηματιστούν σκληρές κορυφές. μεταφέρουμε σε ένα μικρό μπολ και βάζουμε στο ψυγείο.

b) Στο καθαρισμένο μπολ του μίξερ με το καθαρισμένο εξάρτημα με το σύρμα, χτυπήστε τα ασπράδια σε υψηλή ταχύτητα μέχρι να σχηματιστούν μαλακές κορυφές. Προσθέστε 1 κουταλιά της σούπας ζάχαρη και χτυπήστε μέχρι να σχηματιστούν σφιχτές κορυφές. μεταφέρετε σε ένα μικρό μπολ.

c) Στο καθαρισμένο μπολ του μίξερ με το καθαρισμένο εξάρτημα με το σύρμα, χτυπήστε μαζί τους κρόκους αυγών και το υπόλοιπο ⅓ φλιτζάνι ζάχαρη σε δυνατή ταχύτητα μέχρι να πήξουν και να κίτρινο χρώμα. Διπλώστε απαλά το μασκαρπόνε, τον πουρέ κολοκύθας, το μπαχαρικό της κολοκυθόπιτας και το ένα τρίτο της σαντιγί στο μείγμα του κρόκου αυγού. Διπλώνουμε απαλά τα χτυπημένα ασπράδια και τα βάζουμε στο ψυγείο.

d) Τοποθετήστε τον εσπρέσο σε ένα ρηχό πιάτο. Βουτήξτε και τις δύο πλευρές των ladyfingers στον εσπρέσο και τακτοποιήστε τα σε ένα ταψί για πίτα 9 ιντσών για να στρώσετε εντελώς τον πάτο. Συμπληρώστε το μισό μείγμα κολοκύθας, περισσότερα ladyfingers βουτηγμένα σε εσπρέσο και το υπόλοιπο μείγμα κολοκύθας. Συμπληρώστε την πίτα με την υπόλοιπη σαντιγί και τα τρίμματα σοκολάτας. Αφήνουμε στο ψυγείο για 8 ώρες ή μέχρι όλο το βράδυ, μέχρι να είναι έτοιμο για σερβίρισμα.

30. Tiramisu Whoopie Pies

Κάνει: 6 μερίδες

ΣΥΣΤΑΤΙΚΑ:
ΜΠΙΣΚΟΤΑ:
- 2 φλιτζάνια αλεύρι αμυγδάλου
- 3 κουταλιές της σούπας πρωτεΐνη ορού γάλακτος χωρίς γεύση
- ½ φλιτζάνι Monk Fruit Granular Sweetener
- 2 κουταλάκια του γλυκού μπέικιν πάουντερ
- ½ κουταλάκι του γλυκού μαγειρική σόδα
- ½ κουταλάκι του γλυκού αλάτι
- ½ φλιτζάνι βούτυρο κομμένο σε μικρούς κύβους
- ½ φλιτζάνι υποκατάστατο ζάχαρης χαμηλών υδατανθράκων ή ½ φλιτζάνι από το αγαπημένο σας γλυκαντικό χαμηλών υδατανθράκων
- 2 μεγάλα αυγά
- 1 κουταλάκι του γλυκού εκχύλισμα βανίλιας
- ½ φλιτζάνι κρέμα γάλακτος με πλήρη λιπαρά
- κακάο σε σκόνη για ξεσκόνισμα

ΠΛΗΡΩΣΗ:
- ¼ φλιτζάνι κρύος καφές εσπρέσο ή δυνατός καφές
- 1 κουταλιά της σούπας σκούρο ρούμι
- τυρί μασκαρπόνε 8 ουγκιών
- 2 κουταλιές της σούπας υποκατάστατο ζάχαρης χαμηλών υδατανθράκων
- πρέζα αλάτι
- ½ φλιτζάνι παχύρρευστη κρέμα
- 2 κουταλάκια του γλυκού εκχύλισμα βανίλιας
- 2 κουταλάκια του γλυκού σκούρο ρούμι προαιρετικά ή sub με το λικέρ της επιλογής σας

ΟΔΗΓΙΕΣ:

a) Προθερμάνετε το φούρνο στους 350 °F. Ψεκάστε το ταψί για την πίτα με αντικολλητικό σπρέι.

b) Ανακατέψτε το αλεύρι αμυγδάλου, τη σκόνη πρωτεΐνης, τη γλυκαντική ουσία μαύρης ζάχαρης, το μπέικιν πάουντερ, τη μαγειρική σόδα και το αλάτι σε ένα μπολ. Αφήνω στην άκρη.

c) Χτυπάμε το βούτυρο και τη ζάχαρη με ένα μίξερ σε μέτρια προς δυνατή ταχύτητα, μέχρι να γίνουν κρέμα. περίπου 2 λεπτά.

d) Προσθέστε τα αυγά και 1 κουταλάκι του γλυκού βανίλια, χτυπώντας μέχρι να ενσωματωθούν. Ξύστε τις πλευρές του μπολ. Προσθέστε ξινή κρέμα και στη συνέχεια στεγνώστε το μείγμα.

e) Χρησιμοποιώντας ένα μικρό κουταλάκι, ρίξτε τη ζύμη σε κάθε φόρμα για πίτα, γεμίζοντας περίπου το ⅔ του χώρου. Βάλτε λίγη σκόνη κακάο σε ένα μικρό σουρωτήρι και πασπαλίστε λίγο από τη σκόνη κακάο πάνω από κάθε μεζούρα.

f) Ψήνουμε μέχρι να ροδίσουν οι άκρες, περίπου 10-12 λεπτά.

g) Ψύξτε σε μια σχάρα για περίπου 10 λεπτά, αφαιρέστε τα μπισκότα από το τηγάνι και αφήστε τα να κρυώσουν.

h) Μόλις κρυώσουν, αναποδογυρίζουμε τα μπισκότα στη σχάρα.

i) Ανακατέψτε τον εσπρέσο και 3 κουταλιές της σούπας σκούρο ρούμι σε ένα μικρό μπολ. Απλώστε περίπου ¼ κουταλάκι του γλυκού από το υγρό εσπρέσο στην κάτω πλευρά κάθε μπισκότου.

j) Χτυπάμε με ένα μίξερ το τυρί μασκαρπόνε, το υποκατάστατο ζάχαρης με χαμηλούς υδατάνθρακες, το αλάτι, την παχιά κρέμα βανίλιας και 1 Τ. σκούρο ρούμι μέχρι να ομογενοποιηθούν. Ρίξτε με κουτάλι μερικά από τα μείγματα τυριού μασκαρπόνε πάνω στα μισά μπισκότα σοκολάτας. Τοποθετούμε από πάνω τα άλλα μισά μπισκότα.

k) Σερβίρετε αμέσως ή το βάζετε στο ψυγείο.

31. Αμαρέτο Κανόλι

Κάνει: 6 μερίδες

ΣΥΣΤΑΤΙΚΑ:
- 2¾ φλιτζάνι αλεύρι για όλες τις χρήσεις. κοσκινισμένος
- 2 κουταλιές της σούπας Ζάχαρη
- ¼ φλιτζάνι Βούτυρο
- 1 αυγό? χτυπημένος
- ⅔ φλιτζάνι κρασί Marsala. ή σέρι ή γλυκό κρασί
- 1 ασπράδι αυγού
- Λάδι; για τηγάνισμα
- 1 κιλό τυρί Ricotta
- 2 φλιτζάνια ζάχαρη ζαχαροπλαστικής? κοσκινισμένος
- ⅓ φλιτζάνι Γλασαρισμένα φρούτα. ψιλοκομμένο (ανακατεμένο με ζαχαρωτά κεράσια)
- 2 ουγγιές γλυκόπικρη σοκολάτα
- 2 κουταλιές της σούπας Amaretto; ή λικέρ Maraschino

ΟΔΗΓΙΕΣ:

a) Ανακατεύουμε το αλεύρι και τη ζάχαρη και κόβουμε το βούτυρο. Προσθέτουμε σταδιακά το αυγό και το κρασί και πλάθουμε το μείγμα σε μπάλα. Ζυμώνουμε τη ζύμη μέχρι να γίνει λεία, περίπου 5 λεπτά.
b) Σκεπάζουμε και αφήνουμε να σταθεί για τουλάχιστον 1 ώρα.
c) Γέμιση: Πιέστε το τυρί ρικότα μέσα από ένα κόσκινο σε ένα μπολ. Προσθέστε ζάχαρη, κρατώντας 2 κουταλιές της σούπας. Προσθέστε γλασαρισμένα φρούτα με κεράσια και κομματάκια σοκολάτας. Ψύξτε στο ψυγείο.
d) Εν τω μεταξύ, σε μια αλευρωμένη επιφάνεια, κυλήστε τη ζύμη σε λεπτούς σαν χαρτί στρογγυλές διαμέτρους περίπου 4 ίντσες. Τυλίξτε γύρω από τα σωληνάρια cannoli (δείτε παρακάτω) τα οποία έχουν αλειφθεί με ελαιόλαδο. Βουρτσίστε το ασπράδι αυγού στο πτερύγιο για να σφραγιστεί.
e) Ζεσταίνουμε το λάδι στους 380 F και τηγανίζουμε τη ζύμη. Στραγγίζουμε σε πολλές στρώσεις χαρτοπετσέτας. Ψύξτε και στη συνέχεια τραβήξτε προσεκτικά τους μεταλλικούς σωλήνες. Όταν είναι έτοιμη για σερβίρισμα, και όχι πριν, καθώς η ζύμη θα γίνει μουσκεμένη, περάστε τη γέμιση μέσα από το μεγαλύτερο ακροφύσιο μιας σακούλας ζαχαροπλαστικής.
f) Σε κάθε άκρο βάζετε πολλά κομμάτια σοκολάτας στη γέμιση.
g) Πασπαλίζουμε με την υπόλοιπη ζάχαρη ζαχαροπλαστικής και σερβίρουμε αμέσως.

32. Cannoli alla siciliana

Κάνει: 12 μερίδες

ΣΥΣΤΑΤΙΚΑ:

Κοχύλια:
- 2 φλιτζάνια αλεύρι για όλες τις χρήσεις
- 2 κουταλιές σούπας Shortening
- 1 κουταλάκι του γλυκού Ζάχαρη
- ¼ κουταλάκι του γλυκού Αλάτι
- ¾ φλιτζάνι Κρασί, Marsala, Βουργουνδία ή Chablis
- Φυτικό λάδι

ΠΛΗΡΩΣΗ:
- 3 φλιτζάνια Ricotta
- ½ φλιτζάνι Ζάχαρη ζαχαροπλαστικής
- ¼ φλιτζάνι κανέλα
- ½ Τετράγωνο χωρίς ζάχαρη
- Σοκολάτα τριμμένη Ή
- ½ κουταλιά της σούπας κακάο (και τα δύο προαιρετικά)
- ½ κουταλάκι του γλυκού Βανίλια
- 3 κουταλιές της σούπας φλούδα κίτρου, ψιλοκομμένη
- 3 κουταλιές της σούπας φλούδα πορτοκαλιού, ζαχαρωμένη, ψιλοκομμένη
- 6 Γλασέ κεράσια, κομμένα

ΟΔΗΓΙΕΣ:

a) ΚΟΧΥΛΙΑ: Ανακατεύουμε το αλεύρι, το λίπος, τη ζάχαρη και το αλάτι και βρέχοντας σταδιακά με το κρασί, ζυμώνουμε με τα δάχτυλα μέχρι να γίνει μια μάλλον σκληρή ζύμη ή πάστα. Πλάθουμε σε μπάλα, σκεπάζουμε με πανί και αφήνουμε να σταθεί περίπου 1 ώρα.

b) Κόψτε τη ζύμη στη μέση και κυλήστε τη μισή ζύμη σε ένα λεπτό φύλλο πάχους περίπου ¼ ίντσας.

c) Κόψτε σε τετράγωνα 4 ιντσών. Τοποθετήστε ένα μεταλλικό σωλήνα διαγώνια σε κάθε τετράγωνο από το ένα σημείο στο άλλο, τυλίγοντας τη ζύμη γύρω από το σωλήνα επικαλύπτοντας τα δύο σημεία και σφραγίζοντας τα επικαλυπτόμενα σημεία με λίγο ασπράδι αυγού.

d) Εν τω μεταξύ ζεσταίνουμε το φυτικό λάδι σε μεγάλο βαθύ τηγάνι για βαθύ τηγάνισμα. Ρίξτε ένα ή δύο σωληνάρια τη φορά σε καυτό λάδι. Τηγανίζουμε απαλά μέχρι η ζύμη να πάρει ένα χρυσοκαφέ χρώμα.

e) Αφαιρέστε από το τηγάνι, αφήστε να κρυώσει και αφαιρέστε απαλά το κέλυφος από το μεταλλικό σωλήνα.

f) Αφήνουμε τα κοχύλια στην άκρη να κρυώσουν. Επαναλάβετε τη διαδικασία μέχρι να γίνουν όλα τα κελύφη.

g) ΓΕΜΙΣΗ: Ανακατεύουμε καλά τη ρικότα με κοσκινισμένα ξηρά υλικά. Προσθέστε τη βανίλια και τη φλούδα φρούτων. Ανακατεύουμε και ανακατεύουμε καλά. (Μπορείτε να προσθέσετε λίγο τριμμένο φιστίκι αν θέλετε). Chillin ψυγείο πριν γεμίσετε τα κοχύλια.

h) Γεμίστε κρύα κοχύλια κανόλι. λεία γέμιση ομοιόμορφα σε κάθε άκρο του κελύφους. Διακοσμήστε κάθε άκρη με ένα κομμάτι glace κεράσι και πασπαλίστε τα κοχύλια με ζάχαρη ζαχαροπλαστικής. Αφήνουμε στο ψυγείο μέχρι να σερβίρουμε.

i) Αυτά είναι καλύτερα αν γεμιστούν λίγο πριν φτάσει η παρέα σας.

33. Πίτσα κρέμα Cannoli

Κάνει: 1 μερίδα

ΣΥΣΤΑΤΙΚΑ:
- Κοχύλια πίτσας για επιδόρπιο
- 1 φλιτζάνι ζάχαρη ζαχαροπλαστικής
- 6 φλιτζάνια τυρί Ricotta, καλά στραγγισμένο
- 1¼ φλιτζάνι ζαχαρωμένα φρούτα, ψιλοκομμένα
- 2 κουταλάκια του γλυκού εκχύλισμα βανίλιας
- 2 ουγγιές ημίγλυκα μικροσκοπικά κομμάτια σοκολάτας
- Φιστίκια Αιγίνης ανάλατα, χοντροκομμένα
- Σκόνη κακάο χωρίς ζάχαρη

ΟΔΗΓΙΕΣ:
a) Σε ένα μηχάνημα επεξεργασίας τροφίμων ή στο μπολ του μίξερ, χτυπήστε τη ζάχαρη των ζαχαροπλαστείων με το τυρί ρικότα μέχρι να γίνει λεία και κρεμώδης.
b) Διπλώστε τα ζαχαρωμένα φρούτα, τη βανίλια και τα κομματάκια σοκολάτας. Ψύξτε, σκεπασμένο, για δύο έως τρεις ώρες πριν τη χρήση.
c) Βάλτε μια στρώση από την κρέμα κανόλι πάνω από το κέλυφος της ψημένης πίτσας.
d) Πασπαλίστε τα ψιλοκομμένα φιστίκια Αιγίνης πάνω από το τυρί. Πασπαλίστε ελαφρά με σκόνη κακάο αν θέλετε.

34. Πίτα Cannoli

Κάνει: 1 μερίδα

ΣΥΣΤΑΤΙΚΑ:
- 1½ κιλό τυρί Ricotta
- 1½ φλιτζάνι ζάχαρη ζαχαροπλαστικής
- 3 κουταλιές της σούπας βαριά κρέμα
- 12 Κεράσια, τεμαχισμένα
- 2 ουγγιές γλυκιά σοκολάτα Baker's
- 2 ουγγιές αμύγδαλα ψιλοκομμένα
- 1 Έτοιμη κρούστα σοκολάτας
- Τριμμένη γλυκιά σοκολάτα baker

ΟΔΗΓΙΕΣ:
a) Συνδυάστε το τυρί ρικότα, τη ζάχαρη ζαχαροπλαστικής και την παχύρρευστη κρέμα σε μεγάλο μπολ ανάμειξης. ανακατεύουμε καλά μέχρι να γίνει λείο και κρεμώδες.
b) Προσθέστε κεράσια, 2 ουγγιές σοκολάτα και αμύγδαλα. ανακατεύουμε να ενωθούν.
c) Ρίξτε σε έτοιμη κρούστα. Διακοσμούμε με πασπαλισμό τριμμένης σοκολάτας, αν θέλουμε.
d) Σκεπάζουμε με αλουμινόχαρτο και παγώνουμε 3 ώρες πριν σερβίρουμε. (Αν η πίτα γίνει συμπαγής, αφήστε την να μαλακώσει λίγο πριν τη σερβίρετε.

35. Cannoli για παιδιά

Κάνει: 10 μερίδες

ΣΥΣΤΑΤΙΚΑ:
- 15 ουγγιές Τυρί ρικότα με μερικώς αποβουτυρωμένο
- ⅔ φλιτζάνι ζάχαρη ζαχαροπλαστικής
- ½ κουταλάκι του γλυκού τριμμένη φλούδα πορτοκαλιού
- ½ κουταλάκι του γλυκού εκχύλισμα βανίλιας
- 2 κουταλιές της σούπας κομματάκια σοκολάτας
- 10 χωνάκια παγωτού ζάχαρης

ΟΔΗΓΙΕΣ:
a) Σε ένα μεγάλο μπολ με ηλεκτρικό μίξερ στο χαμηλό, χτυπήστε το τυρί ρικότα, τη ζάχαρη, τη φλούδα πορτοκαλιού και τη βανίλια μέχρι να ομογενοποιηθούν. Ανακατεύουμε με κομματάκια σοκολάτας. Σκεπάζουμε και βάζουμε στο ψυγείο για 30 λεπτά.
b) Για να σερβίρετε, ρίχνετε το μείγμα με το κουτάλι απευθείας σε χωνάκια παγωτού ή σε διακοσμητικό σακουλάκι χωρίς μύτη και, στη συνέχεια, το βάζετε σε χωνάκια.

36. Κοχύλια Cannoli και γέμιση

Κάνει: 1 μερίδα

ΣΥΣΤΑΤΙΚΑ:
- 1 ½ φλιτζάνι Αλεύρι
- ½ κουταλάκι του γλυκού Μπέικιν πάουντερ
- 1 ασπράδι αυγού
- ¼ κουταλάκι του γλυκού Αλάτι
- 2 κουταλιές της σούπας Βούτυρο
- 8 ουγγιές τυρί Ricotta
- ½ φλιτζάνι σαντιγί
- ¼ φλιτζάνι ζάχαρη άχνη
- 1 κουταλάκι του γλυκού Βανίλια
- ¼ φλιτζάνι μικροσκοπικά κομματάκια σοκολάτας

ΟΔΗΓΙΕΣ:
a) Κοσκινίζουμε το αλεύρι, το αλάτι και το μπέικιν πάουντερ. Κόβουμε σε βούτυρο? ζυμώνουμε καλά. Σε αλευρωμένη σανίδα, τυλίξτε τη ζύμη σε πάχος 1/16 ίντσας. Κόψτε σε τετράγωνα 4 ιντσών.
b) Με τον πλάστη τυλίγουμε τετράγωνα σε οβάλ. Τυλίξτε κάθε οβάλ γύρω από το σωλήνα Cannoli. Κλείστε την άκρη με ασπράδι αυγού. Τηγανίζουμε 2 τη φορά σε 350 βαθμούς λάδι για 1 με 2 λεπτά. Κρατήστε σωλήνες με μπαστούνια για να στραγγίσουν. Ψύξτε για 5 λεπτά. Αφαιρέστε προσεκτικά τους σωλήνες. Φτιάχνει 12 κοχύλια.
c) Γέμιση: Στο μπλέντερ ανακατεύουμε το τυρί, την κρέμα γάλακτος, τη ζάχαρη και τη βανίλια. Διπλώστε σε κομματάκια σοκολάτας. Γεμίστε τα κοχύλια Cannoli. Πασπαλίζουμε με ζάχαρη άχνη. Γαρνίρουμε με σιρόπι σοκολάτας. Γεμίζουμε 12 κοχύλια.

37. Cheesecake Τιραμισού

Κάνει: 12

ΣΥΣΤΑΤΙΚΑ:
ΚΡΟΥΣΤΑ:
- Συσκευασία 12 ουγγιών ladyfingers
- ¼ φλιτζάνι ανάλατο βούτυρο, λιωμένο
- 2 κουταλιές της σούπας λικέρ με γεύση καφέ

ΠΛΗΡΩΣΗ:
- Τρεις συσκευασίες 8 ουγκιών τυρί κρέμα μαλακωμένο
- Δοχείο 8 ουγγιών τυρί μασκαρπόνε μαλακωμένο
- 1 φλιτζάνι λευκή ζάχαρη
- 2 κουταλιές της σούπας λικέρ με γεύση καφέ
- ¼ φλιτζάνι αλεύρι για όλες τις χρήσεις
- 2 μεγάλα αυγά
- 1 κουταλάκι του γλυκού κρέμα γάλακτος, ή περισσότερο όσο χρειάζεται
- ¼ ουγγιάς ημίγλυκη σοκολάτα

ΟΔΗΓΙΕΣ:

a) Προθερμάνετε το φούρνο στους 350 βαθμούς Φ.

b) Τοποθετήστε ένα ταψί με νερό στη χαμηλότερη σχάρα του φούρνου.

c) Φτιάχνουμε την κρούστα: Θρυμματίζουμε τα δαχτυλάκια σε ψίχουλα. Τοποθετήστε τα ψίχουλα σε ένα μπολ με λιωμένο βούτυρο και λικέρ με γεύση καφέ. ανακατεύουμε μέχρι να ομογενοποιηθούν. Πιέστε στο κάτω μέρος ενός ταψιού ελατηρίου 9 ιντσών.

d) Φτιάξτε τη γέμιση: Χτυπήστε το τυρί κρέμα, το τυρί μασκαρπόνε και τη ζάχαρη σε ένα μεγάλο μπολ με ένα ηλεκτρικό μίξερ μέχρι να ομογενοποιηθούν, για 2 με 3 λεπτά. Ξύστε τις πλευρές του μπολ και ανακατέψτε με λικέρ με γεύση καφέ. Προσθέστε αλεύρι και αυγά. ανακατεύουμε σε χαμηλή ταχύτητα μέχρι να ομογενοποιηθούν. Αν το κουρκούτι φαίνεται πολύ πηχτό, ανακατεύουμε με παχύρρευστη κρέμα. Ρίχνουμε το κουρκούτι πάνω από την κρούστα.

e) Ψήνετε στην κεντρική σχάρα του προθερμασμένου φούρνου μέχρι να ροδίσει, 40 με 45 λεπτά.

f) Ανοίξτε την πόρτα του φούρνου, σβήστε τη φωτιά και αφήστε το cheesecake να κρυώσει στην κεντρική σχάρα για 20 λεπτά. Βγάζουμε από το φούρνο, μεταφέρουμε σε σχάρα και αφήνουμε να κρυώσει εντελώς για περίπου 30 λεπτά ακόμα.

g) Αφήνουμε στο ψυγείο για τουλάχιστον 3 ώρες, ή όλη τη νύχτα.

h) Όταν είναι έτοιμο για σερβίρισμα, τρίβουμε την ημίγλυκη σοκολάτα από πάνω. Περάστε τη μύτη ενός επιτραπέζιου μαχαιριού γύρω από τις άκρες του ταψιού, στη συνέχεια απασφαλίστε και αφαιρέστε τα πλαϊνά. Σύρετε απαλά το cheesecake από τη βάση του ταψιού και πάνω σε ένα πιάτο σερβιρίσματος.

38. Mangomisu

Κάνει: 6 μερίδες

ΣΥΣΤΑΤΙΚΑ:
- 500 γρ τυρί μασκαρπόνε
- 600 ml κρέμα παχύρρευστη
- ⅓ φλιτζάνι ζάχαρη άχνη
- 2 κρόκοι αυγών
- 1 φασόλι βανίλιας, κομμένο, ξύσμα με τους σπόρους
- ½ φλιτζάνι Grand Marnier
- Χυμός από 2 πορτοκάλια
- 300 γρ
- 3 μάνγκο, σάρκα κομμένη σε φέτες πάχους 1 εκ
- Σάλτσα βατόμουρου
- ¼ κούπας ζάχαρη άχνη
- 250 γραμμάρια φρέσκα σμέουρα ή κατεψυγμένα σμέουρα
- Χυμό από 1 λεμόνι

ΟΔΗΓΙΕΣ:

a) Στρώνουμε τη βάση μιας φόρμας για κέικ 22 εκ. με πλαστική μεμβράνη ή χαρτί ψησίματος. Τοποθετήστε το μασκαρπόνε, την παχύρρευστη κρέμα, τη ζάχαρη άχνη, τους κρόκους αυγών και τους σπόρους βανίλιας στον κάδο του ηλεκτρικού μίξερ και χτυπήστε σε δυνατή ταχύτητα μέχρι να ομογενοποιηθούν και να ομογενοποιηθούν.

b) Συνδυάστε το Grand Marnier και το χυμό πορτοκαλιού σε ένα ξεχωριστό μπολ. Βουτήξτε τα μισά δάχτυλα παντεσπάνι στο μείγμα του χυμού και στρώστε στη βάση της φόρμας του κέικ. Αλείφουμε με το ένα τρίτο του μείγματος μασκαρπόνε και από πάνω το ένα τρίτο από τις φέτες μάνγκο. Επαναλάβετε τη διαδικασία, στη συνέχεια προσθέστε το υπόλοιπο μείγμα μασκαρπόνε, κρατώντας τις υπόλοιπες φέτες μάνγκο για σερβίρισμα. Σκεπάζουμε το κέικ και το αφήνουμε να κρυώσει για 2 ώρες ή μέχρι να σφίξει.

c) Εν τω μεταξύ για τη σάλτσα βατόμουρου, βάζετε τη ζάχαρη και 2 κουταλιές της σούπας νερό σε ένα μικρό τηγάνι σε μέτρια φωτιά, ανακατεύοντας να διαλυθεί η ζάχαρη. Ψύξτε ελαφρά και στη συνέχεια προσθέστε τα μούρα και το χυμό λεμονιού. Χτυπάμε σε έναν επεξεργαστή τροφίμων μέχρι να ομογενοποιηθεί και μετά περνάμε από ένα σουρωτήρι. Ψύξτε μέχρι να είναι έτοιμο για σερβίρισμα.

d) Για να σερβίρετε, αφαιρείτε προσεκτικά τα πλαϊνά και τη βάση της φόρμας του κέικ και μεταφέρετε το mangomisu σε μια πιατέλα.

e) Διακοσμήστε με μπούκλες από το κρατημένο μάνγκο, στη συνέχεια κόψτε σε φέτες και σερβίρετε με σάλτσα μούρων.

39. Matcha Tiramisu

Κάνει: 9

ΣΥΣΤΑΤΙΚΑ:
ΨΗΜΕΝΟΣ ΚΑΦΕΣ
a) ¾ φλιτζάνι βρασμένος καφές
b) 1 κουταλιά της σούπας αμαρέτο προαιρετικά
ΚΡΕΜΑ ΜΑΣΚΑΡΠΟΝΕ
c) ⅓ φλιτζάνι συμπυκνωμένο γάλα
d) 1 κουταλιά της σούπας σκόνη matcha
e) 3 κρόκοι αυγών
f) 8 ουγκιές τυρί μασκαρπόνε
g) 2 κουταλιές της σούπας βρασμένος καφές
h) 1 κουταλάκι του γλυκού εκχύλισμα βανίλιας
i) 1 φλιτζάνι παχύρρευστη κρέμα
ΣΥΝΕΛΕΥΣΗ ΤΙΡΑΜΙΣΟΥ
j) 40 ladyfingers
k) 1 κουταλιά της σούπας σκόνη matcha

ΟΔΗΓΙΕΣ:
a) Συνδυάστε τον παρασκευασμένο καφέ σας με το αμαρέτο σε ένα μπολ. Αφήνω στην άκρη.
b) Ανακατεύουμε το συμπυκνωμένο γάλα και το matcha μέχρι να γίνει ένα ομοιόμορφο πράσινο χρώμα. Κοσκινίστε τη σκόνη matcha στο συμπυκνωμένο γάλα.
c) Στη συνέχεια, φτιάξτε τη γέμιση μασκαρπόνε σας. Βάλτε μερικά φλιτζάνια νερό να σιγοβράσουν σε μια μικρή κατσαρόλα.
d) Προσθέστε τους κρόκους αυγών και το συμπυκνωμένο γάλα matcha σε ένα μπολ. Βάζουμε το μπολ πάνω από το νερό που σιγοβράζει και ανακατεύουμε μέχρι το μείγμα των αυγών να πάρει ένα πιο ανοιχτό πράσινο χρώμα. Αποσύρουμε από τη φωτιά.
e) Προσθέστε το τυρί μασκαρπόνε, τον βρασμένο καφέ και το εκχύλισμα βανίλιας στο μείγμα των αυγών και ανακατέψτε μέχρι να ενσωματωθούν καλά.

f) Χτυπάμε την κρέμα γάλακτος μέχρι να γίνει σφιχτή. Διπλώστε απαλά την κρέμα στο μείγμα μασκαρπόνε από το βήμα 5. Αφήστε στην άκρη.

g) Τώρα ήρθε η ώρα να συναρμολογήσετε το τιραμισού σας. Βουτήξτε ελαφρά ένα γυναικείο δάχτυλο στον βρασμένο καφέ και τοποθετήστε τον σε ένα ταψί 9×9. Επαναλάβετε αυτή τη διαδικασία έως ότου το κάτω μέρος είναι στρωμένο με ladyfingers.

h) Ρίξτε τη μισή κρέμα μασκαρπόνε στα δάχτυλα της κυρίας. Απλώστε το σε ένα ομοιόμορφο στρώμα πάνω από τα δάχτυλα της κυρίας. Επαναλάβετε αυτή τη διαδικασία με μια δεύτερη στρώση γυναικεία δάχτυλα και στη συνέχεια μια δεύτερη στρώση τυριού μασκαρπόνε.

i) Κοσκινίστε τη σκόνη matcha πάνω από τη δεύτερη στρώση κρέμας μασκαρπόνε.

j) Σκεπάζουμε το τιραμισού και το βάζουμε στο ψυγείο. Το αφήνουμε στο ψυγείο για 6 ώρες ή όλο το βράδυ. Για καλύτερη γεύση και υφή, αφήστε το στο ψυγείο όλη τη νύχτα.

40. Μους τιραμισού σοκολάτας και καραμέλας

Κάνει: 12

ΣΥΣΤΑΤΙΚΑ:
h) 400 γρ μαύρη σοκολάτα, ψιλοκομμένη
i) 400 γρ σοκολάτα γάλακτος, ψιλοκομμένη
j) 6 αυγά χωρισμένα
k) 1 ½ φύλλα ζελατίνης αντοχής τιτανίου, μαλακωμένα σε κρύο νερό για 5 λεπτά
l) 900 ml κρέμα παχύρρευστη
m) 2 κουταλάκια του γλυκού πάστα φασολιών βανίλιας
n) ½ φλιτζάνι ζάχαρη άχνη
o) 1 φλιτζάνι λικέρ καφέ
p) 400 γρ μπισκότα ladyfinger
q) Κακάο, να ξεσκονίσει

ΜΟΥΣ ΚΑΡΑΜΕΛΑΣ
r) 800 ml κρέμα παχύρρευστη
s) 2 φύλλα ζελατίνης με αντοχή σε τιτάνιο, μαλακωμένα σε κρύο νερό για 5 λεπτά
t) 2 x 250 g βάζα dulce de leche που αγοράστηκε από το κατάστημα, χτυπημένα ελαφρά για να χαλαρώσει

ΟΔΗΓΙΕΣ:
a) Τοποθετείτε τις σοκολάτες σε ένα μπολ ανθεκτικό στη θερμότητα πάνω από μια κατσαρόλα με νερό που σιγοβράζει και ανακατεύετε μέχρι να λιώσουν και να ομογενοποιηθούν. Ψύξτε ελαφρά και μετά μεταφέρετε σε μίξερ με το εξάρτημα κουπιών.
b) Χτυπάμε τους κρόκους των αυγών.
c) Βάζουμε 300 ml κρέμα γάλακτος σε μια μικρή κατσαρόλα σε χαμηλή φωτιά και αφήνουμε να σιγοβράσει. Στύβουμε το περιττό νερό από τη ζελατίνη και ανακατεύουμε στην κρέμα μέχρι να λιώσει και να ενωθεί. Σε 3 δόσεις, χτυπήστε σε μείγμα σοκολάτας μέχρι να ομογενοποιηθεί. Μεταφέρετε σε ένα μεγάλο, καθαρό μπολ.
d) Χτυπάμε τα υπόλοιπα 600 ml κρέμα γάλακτος με τη βανίλια μέχρι να σφίξουν οι κορυφές. Ψύχρα.

e) Τοποθετήστε τα ασπράδια σε ένα μίξερ με το σύρμα και χτυπήστε με το σύρμα μέχρι να σφίξουν οι κορυφές. Προσθέστε ζάχαρη, 1 κουταλιά της σούπας κάθε φορά και χτυπήστε μέχρι να διαλυθεί και το μείγμα να γίνει γυαλιστερό.

f) Διπλώστε τη σαντιγί σε ένα μείγμα σοκολάτας και στη συνέχεια, σε 2 δόσεις, διπλώστε τα χτυπημένα ασπράδια. Ψύξτε μέχρι να είναι έτοιμο για συναρμολόγηση.

g) Για τη μους καραμέλας, βάζετε 200 ml κρέμα γάλακτος σε μια μικρή κατσαρόλα σε χαμηλή φωτιά και αφήνετε να σιγοβράσει. Στύβουμε το περιττό νερό από τη ζελατίνη και ανακατεύουμε στην κρέμα μέχρι να λιώσει και να ενωθεί. Ψύξτε ελαφρά. Τοποθετήστε τα υπόλοιπα 600 ml κρέμα γάλακτος σε ένα μίξερ με το εξάρτημα με το σύρμα και χτυπήστε μέχρι να μαλακώσουν. Διπλώνουμε σε χαλαρό μείγμα dulce de leche και ζελατίνης μέχρι να ενωθούν. Ψύξτε για 30 λεπτά.

h) Τοποθετήστε το λικέρ καφέ σε ένα φαρδύ μπολ. Βουτήξτε τα μισά μπισκότα ladyfinger σε λικέρ και τα απλώστε σε διπλή στρώση στη βάση ενός πιάτου 6 λίτρων. Περιχύνετε με κουτάλι τη μισή μους σοκολάτας. Βουτάμε τα υπόλοιπα μπισκότα στο λικέρ και τα αραδιάζουμε σε διπλή στρώση πάνω από τη μους. Από πάνω βάζουμε μους καραμέλας, λειαίνουμε την κορυφή με ένα μαχαίρι παλέτας. Αφήνουμε στο ψυγείο για 2-3 ώρες μέχρι να δέσει. Τοποθετήστε την υπόλοιπη μους σοκολάτας σε μια σακούλα με ένα απλό ακροφύσιο 1 cm και βάλτε την στο ψυγείο μέχρι να τη χρησιμοποιήσετε.

i) Περάστε την υπόλοιπη μους σοκολάτας πάνω από τη μους καραμέλας. Αφήνουμε στο ψυγείο για 4-5 ώρες ή όλο το βράδυ μέχρι να δέσει. Πασπαλίζουμε με κακάο, για το σερβίρισμα.

41. Γλαστράκια τιραμισού με κρέμα

Κάνει: 8

ΣΥΣΤΑΤΙΚΑ:
- 2 κούπες ζάχαρη άχνη
- 12 κρόκοι αυγών
- 2 φασόλια βανίλιας, κομμένα, με ξύσμα τους σπόρους
- 1,2 λίτρο καθαρής κρέμας, συν ένα επιπλέον ¼ φλιτζάνι
- 2 κουταλιές της σούπας κόκκοι στιγμιαίο καφέ
- 50 γρ βούτυρο ανάλατο, ψιλοκομμένο
- 4 μπισκότα παντεσπάνι, θρυμματισμένα
- 2 κουταλιές της σούπας Frangelico
- 1 κουταλιά της σούπας φουντούκια ψιλοκομμένα
- 400 γρ μασκαρπόνε καλής ποιότητας
- 1 κουταλάκι του γλυκού εκχύλισμα βανίλιας
- Σκόνη κακάο καλής ποιότητας, για να ξεσκονίσει

ΟΔΗΓΙΕΣ:
a) Προθερμαίνουμε τον φούρνο στους 140°C.
b) Χτυπάμε τη ζάχαρη και τους κρόκους αυγών σε ένα μπολ μέχρι να ασπρίσουν.
c) Τοποθετήστε τους λοβούς και τους σπόρους βανίλιας σε μια μεγάλη κατσαρόλα μαζί με την κρέμα και τον καφέ και αφήστε λίγο πιο κάτω να βράσουν, ανακατεύοντας να διαλυθεί ο καφές. Περιχύνουμε σιγά σιγά το μείγμα των αυγών, ανακατεύοντας συνεχώς, μέχρι να ενωθούν.
d) Επιστρέψτε το μείγμα των αυγών στο καθαρισμένο τηγάνι και τοποθετήστε το σε μέτρια προς χαμηλή φωτιά.
e) Μαγειρέψτε, ανακατεύοντας συνεχώς, για 6-8 λεπτά ή μέχρι να πήξει και το μείγμα των αυγών να καλύψει το πίσω μέρος του κουταλιού. Μοιράζουμε σε οκτώ πυρίμαχα πιάτα των ¾ του φλιτζανιού και τα βάζουμε σε ένα μεγάλο ταψί. Προσθέστε αρκετό βραστό νερό για να ανέβει στα μισά τα πλαϊνά του τηγανιού.
f) Σκεπάζουμε το ταψί με αλουμινόχαρτο και το βάζουμε προσεκτικά στο φούρνο. Ψήστε για 30 λεπτά μέχρι να

σταθεροποιηθεί με μια απαλή ταλάντωση στο κέντρο. Ψύξτε σε θερμοκρασία δωματίου και μετά ψύξτε για 2 ώρες ή μέχρι να πήξει.

g) Όταν είναι έτοιμο να σερβίρετε, λιώστε το βούτυρο σε ένα τηγάνι για 2-3 λεπτά ή μέχρι να ροδίσει. Προσθέστε το ladyfingers και μαγειρέψτε, ανακατεύοντας, για 3-4 λεπτά ή μέχρι να ροδίσουν. Προσθέτουμε το Frangelico και τα φουντούκια και ανακατεύουμε να ενωθούν. Δροσερός. Ανακατέψτε απαλά το μασκαρπόνε, τη βανίλια και την επιπλέον κρέμα μαζί σε ένα μπολ.

h) Μείγμα μασκαρπόνε κουκλών πάνω από τις κρέμες. Πασπαλίζουμε με την ψίχα ladyfinger και κακάο για να σερβίρουμε.

42. **Cupcakes Tiramisu**

Φτιάχνει: 12-14 Cupcakes

ΣΥΣΤΑΤΙΚΑ:
CUPCAKES
- 6 κουταλιές της σούπας αλατισμένο βούτυρο, θερμοκρασία δωματίου
- ¾ φλιτζάνια ζάχαρη
- 2 κουταλάκια του γλυκού εκχύλισμα βανίλιας
- 6 κουταλιές της σούπας κρέμα γάλακτος
- 3 ασπράδια αυγών
- 1 ¼ φλιτζάνι αλεύρι για όλες τις χρήσεις
- 2 κουταλάκια του γλυκού μπέικιν πάουντερ
- 6 κουταλιές της σούπας γάλα
- 2 κουταλιές της σούπας νερό

ΓΕΜΙΣΗ ΤΙΡΑΜΙΣΟΥ
- 2 κρόκοι αυγών
- 6 κουταλιές της σούπας ζάχαρη
- ½ φλιτζάνι τυρί μασκαρπόνε
- ½ φλιτζάνι βαριά σαντιγί
- 2 ½ κουταλιές της σούπας ζεστό νερό
- 1 κουταλιά της σούπας κόκκοι στιγμιαίο καφέ εσπρέσο
- ¼ φλιτζάνι Kahlua

ΟΔΗΓΙΕΣ:
ΦΤΙΑΞΕ ΤΑ CUPCAKES
a) Προθερμαίνουμε το φούρνο στους 350 βαθμούς και ετοιμάζουμε μια φόρμα για cupcakes με επένδυση για cupcake.
b) Χτυπάμε το βούτυρο και τη ζάχαρη μέχρι να ανοίξουν και να αφρατέψουν, περίπου 2-3 λεπτά.
c) Προσθέστε το εκχύλισμα βανίλιας και την κρέμα γάλακτος και ανακατέψτε μέχρι να ενωθούν καλά.
d) Προσθέστε τα ασπράδια σε δύο δόσεις, ανακατεύοντας μέχρι να ομογενοποιηθούν.
e) Ανακατέψτε τα ξηρά υλικά σε ένα άλλο μπολ και μετά ανακατέψτε το γάλα και το νερό σε ένα άλλο μπολ.

f) Προσθέστε τα μισά από τα ξηρά υλικά στο κουρκούτι και ανακατέψτε μέχρι να ενωθούν καλά. Προσθέστε το μείγμα του γάλακτος και ανακατέψτε μέχρι να ομογενοποιηθεί καλά. Προσθέστε τα υπόλοιπα ξηρά υλικά και ανακατέψτε μέχρι να ενωθούν καλά.

g) Γεμίστε τις επενδύσεις για cupcakes περίπου μέχρι τη μέση. Ψήνουμε για 15-17 λεπτά ή μέχρι να βγει μια οδοντογλυφίδα με λίγα ψίχουλα.

h) Βγάζουμε τα cupcakes από το φούρνο και τα αφήνουμε να κρυώσουν για 2-3 λεπτά και μετά τα βγάζουμε σε μια σχάρα για να τελειώσει η ψύξη.

ΦΤΙΑΞΕΤΕ ΤΗ ΓΕΜΙΣΗ & ΓΕΜΙΣΤΕ ΤΑ CUPCAKES

a) Όσο κρυώνουν τα cupcakes, φτιάχνουμε τη γέμιση. Συνδυάστε τους κρόκους των αυγών και τη ζάχαρη πάνω από ένα διπλό λέβητα, πάνω από βραστό νερό. Εάν δεν έχετε διπλό λέβητα, μπορείτε να χρησιμοποιήσετε ένα μεταλλικό μπολ ανάμειξης σε μια κατσαρόλα με νερό που σιγοβράζει μέσα.

b) Μαγειρέψτε για περίπου 6-8 λεπτά, με τη φωτιά σε χαμηλή, ανακατεύοντας συνεχώς ή μέχρι το μείγμα να πάρει ανοιχτόχρωμο χρώμα και να διαλυθεί η ζάχαρη. Αν το μείγμα αρχίσει να γίνεται πολύ πηχτό και να γίνει πιο σκούρο κίτρινο, είναι παραψημένο.

c) Όταν τελειώσουν, χτυπάμε τους κρόκους με το μίξερ μέχρι να πήξουν και να κιτρινίσουν λίγο.

d) Διπλώστε το τυρί μασκαρπόνε σε χτυπημένους κρόκους.

e) Προσθέστε βαριά κρέμα γάλακτος σε άλλο μπολ του μίξερ και χτυπήστε μέχρι να σχηματιστούν σφιχτές κορυφές, περίπου 5-7 λεπτά.

f) Διπλώστε τη σαντιγί στο μείγμα μασκαρπόνε.

g) Σε ένα άλλο μικρό μπολ, συνδυάστε ζεστό νερό, εσπρέσο και Kahlua.

h) Μόλις κρυώσουν τα cupcakes, κόψτε τα κέντρα.

i) Περιχύστε περίπου 1 κουταλιά της σούπας από το μείγμα εσπρέσο πάνω από το εσωτερικό των τρυπών των cupcakes και μετά γεμίστε τις τρύπες με τη γέμιση τιραμισού.

43. Μίνι Κύπελλα Τιραμισού

Κάνει: 5

ΣΥΣΤΑΤΙΚΑ:
ΓΙΑ ΤΑ ΚΥΠΕΛΑ ΤΙΡΑΜΙΣΟΥ
- 200 g Ladyfingers αγορασμένο από το κατάστημα
- 300 g Mascarpone 41% λιπαρά, χρησιμοποιήστε το κρύο
- 240 g Heavy Cream 36% λιπαρά, πολύ κρύα
- 70 g Ζάχαρη άχνη κοσκινισμένη

ΓΙΑ ΤΗ ΣΥΝΑΡΜΟΛΟΓΗΣΗ
- 1 φλιτζάνι καφές δυνατός εσπρέσο ελαφρά ζαχαρούχος για να μουλιάσουν τα ladyfingers
- Λίγες κουταλιές της σούπας κακάο σε σκόνη, χωρίς ζάχαρη, επεξεργασμένο στην Ολλανδία για να διακοσμήσετε την κορυφή
- Πασχαλίτσα για διακόσμηση

ΟΔΗΓΙΕΣ:
a) Σε ένα μπολ, χτυπήστε το μασκαρπόνε, την κρέμα γάλακτος και τη ζάχαρη άχνη με τη βοήθεια του ηλεκτρικού μίξερ για λίγα λεπτά μέχρι να σφίξει.

b) Μουλιάστε απαλά τα lady fingers σε φρεσκοπαρασκευασμένο εσπρέσο και αρχίστε να τα βάζετε σε ένα φλιτζάνι ξεκινώντας με τα ladyfingers εμποτισμένα με καφέ και τελειώνοντας με την κρέμα μασκαρπόνε

c) Λειάνετε την κορυφή με μια σπάτουλα όφσετ ή κουτάλι και βάλτε στο ψυγείο τα κύπελλα τιραμισού για τουλάχιστον 1 ώρα για να μαλακώσει το ladyfinger

d) Αφού πέσει το τιραμισού στο ψυγείο, το πασπαλίζουμε με σκόνη κακάο και το διακοσμούμε με περισσότερα ladyfingers.

44. Τιραμισού Cream Puffs

Κάνει: 15

ΣΥΣΤΑΤΙΚΑ:
ΓΙΑ ΤΟ CHOUX
- ½ φλιτζάνι νερό
- 4 κουταλιές της σούπας ανάλατο βούτυρο
- ½ κουταλάκι του γλυκού ζάχαρη
- Πρέζα αλάτι
- ½ φλιτζάνι αλεύρι για όλες τις χρήσεις
- 2 μεγάλα αυγά

ΓΙΑ ΤΗΝ ΚΡΕΜΑ ΤΙΡΑΜΙΣΟΥ:
- 4 ουγγιές τυρί μασκαρπόνε, σε δροσερή θερμοκρασία δωματίου
- 2 κουταλιές της σούπας λικέρ καφέ
- 1 φλιτζάνι βαριά σαντιγί
- ¾ φλιτζάνι ζάχαρη άχνη

ΓΙΑ ΤΟ GANACHE:
- ⅓ φλιτζάνι βαριά σαντιγί
- 4 ουγγιές μαύρη σοκολάτα ψιλοκομμένη

ΟΔΗΓΙΕΣ
ΓΙΑ ΤΟ CHOUX:
a) Προθερμαίνουμε το φούρνο στους 425 βαθμούς και στρώνουμε ένα ταψί με ένα φύλλο λαδόκολλας.
b) Σε μια μέτρια κατσαρόλα σε μέτρια φωτιά, ανακατεύουμε το νερό, το βούτυρο, τη ζάχαρη και το αλάτι μέχρι να λιώσει το βούτυρο και να βράσει το μείγμα. Αποσύρουμε την κατσαρόλα από τη φωτιά και προσθέτουμε όλο το αλεύρι, ανακατεύοντας ζωηρά να ομογενοποιηθεί.
c) Μετά από μερικές στιγμές αναδεύματος, η ζύμη θα σχηματίσει μια υγρή μπάλα που απομακρύνεται από τα πλαϊνά του τηγανιού. Επαναφέρετε το τηγάνι στη φωτιά να ψηθεί, κουνώντας τη ζύμη με ξύλινη κουτάλα ή λαστιχένια σπάτουλα για 3 λεπτά. Ρίξτε τη ζύμη σε ένα μεγάλο μπολ και προσθέστε τα αυγά ένα-ένα,

ανακατεύοντας δυνατά μετά από κάθε προσθήκη για να ενωθούν.
d) Η ζύμη πρέπει να είναι αρκετά παχύρρευστη ώστε να κρατά μια μαλακή κορυφή όταν τραβάτε την ξύλινη κουτάλα έξω από αυτήν. Εάν είναι πολύ σκληρό, προσθέστε ένα ή δύο κουταλάκια του γλυκού νερό. Ρίξτε το μείγμα στη σακούλα σωληνώσεων και στύψτε στρογγυλές μπάλες ζύμης μεγέθους μιας κουταλιάς της σούπας, με απόσταση περίπου 2 ίντσες μεταξύ τους στο προετοιμασμένο τηγάνι. Βρέξτε ελάχιστα ένα δάχτυλο για να εξομαλύνετε τυχόν κορυφές στους γύρους, έτσι ώστε να είναι στρογγυλεμένοι δίσκοι, παρόμοιοι με το σχήμα ενός ψημένου μακαρόν μπισκότου.
e) Ψήνουμε στον προθερμασμένο φούρνο για 10 λεπτά, στη συνέχεια μειώνουμε τη θερμοκρασία του φούρνου στους 350 και ψήνουμε άλλα 15-20 λεπτά ή μέχρι να ροδίσουν οι σφολιάρες. Αφήστε να κρυώσει πριν τη χρησιμοποιήσετε.

ΓΙΑ ΤΗΝ ΚΡΕΜΑ ΤΙΡΑΜΙΣΟΥ:
a) Χτυπήστε το μασκαρπόνε και το λικέρ καφέ με ένα μίξερ χειρός σε μέτρια ταχύτητα για περίπου 30 δευτερόλεπτα ή μέχρι να ομογενοποιηθούν. Σε ένα μεγάλο μπολ ή στο μπολ του μίξερ χτυπάμε τη βαριά σαντιγί σε μέτρια ταχύτητα μέχρι να πήξει ελαφρώς.
b) Προσθέστε τη ζάχαρη άχνη και συνεχίστε το χτύπημα μέχρι να σχηματιστούν σφιχτές κορυφές. Χρησιμοποιήστε μια λαστιχένια σπάτουλα για να διπλώσετε απαλά το μείγμα μασκαρπόνε στη σαντιγί. Αφήνουμε στο ψυγείο μέχρι να κρυώσει η κρέμα σε θερμοκρασία δωματίου. Όταν είναι έτοιμο να γεμίσετε, κόψτε μια μικροσκοπική σχισμή στην κορυφή κάθε σφολιάτας κρέμας.
c) Ρίξτε με κουτάλι την κρέμα τιραμισού σε μια σακούλα με στρογγυλή άκρη και γεμίστε κάθε σφολιάτα με κρέμα μέχρι να γεμίσει. Αφήστε στην άκρη όσο φτιάχνετε τη γκανάζ.

ΓΙΑ ΤΟ GANACHE:

a) Ζεσταίνουμε τη βαριά σαντιγί στο φούρνο μικροκυμάτων ή στο μάτι της κουζίνας μέχρι να αχνίσει. Ρίξτε τη ζεστή κρέμα πάνω από την ψιλοκομμένη σοκολάτα σε ένα μικρό μπολ και καλύψτε το όλο με ένα φύλλο πλαστικής μεμβράνης.

b) Μετά από 5 λεπτά, ανακατεύουμε το μείγμα μέχρι να ομογενοποιηθεί και ρίχνουμε μια κουταλιά ganache πάνω από κάθε τζούρα. Εναλλακτικά, μπορείτε να βουτήξετε τις σφολιάτες κρέμα.

c) Η ganache θα σφίξει καθώς πήζει, οπότε φροντίστε να ξαναζεσταίνετε απαλά όπως χρειάζεται.

45. Πανακότα πορτοκαλιού και ζελέ πορτοκαλιού

ΣΥΣΤΑΤΙΚΑ:
- Για την Πανακότα:
- 1/2 φλιτζάνι γάλα πλήρες
- 1 & 1/4 φλιτζάνι βαριά σαντιγί
- 1 κουταλάκι του γλυκού ζελατίνη σε σκόνη
- 1/4 φλιτζάνι λευκή ζάχαρη
- 1/2 κουταλάκι του γλυκού εκχύλισμα βανίλιας
- Ξύσμα από ένα πορτοκάλι
- Για το ζελέ πορτοκαλιού:
- 1/2 φλιτζάνι φρεσκοστυμμένο χυμό πορτοκαλιού
- 2 & 1/2 κουταλάκι του γλυκού ζελατίνη σε σκόνη
- 1/4 φλιτζάνι λευκή ζάχαρη
- 1 φλιτζάνι νερό

ΟΔΗΓΙΕΣ:
a) Για να φτιάξετε την πανακότα, χωρίστε το γάλα στη μέση και ρίξτε το μισό σε ένα μπολ.
b) Ρίξτε ζελατίνη πάνω από το γάλα και αφήστε να καθίσει για 15 λεπτά για να ανθίσει (η ζελατίνη που έχει ανθίσει με επιτυχία θα φαίνεται σπογγώδης)
c) Συνδυάστε το υπόλοιπο μισό γάλα με την κρέμα γάλακτος, το ξύσμα πορτοκαλιού, τη βανίλια και τη ζάχαρη σε μια κατσαρόλα. Ανακατεύουμε σε μέτρια φωτιά μέχρι να διαλυθεί τελείως η ζάχαρη. Το μείγμα πρέπει να ζεσταθεί αλλά όχι να βράσει.
d) Τώρα κατεβάστε το από τη φωτιά και αφήστε το σκεπασμένο για μερικά λεπτά (ίσως περίπου 15 λεπτά). Το κάλυμμα είναι απαραίτητο για να κλειδώσει το άρωμα πορτοκαλιού από το ξύσμα, γι' αυτό μην το παραλείψετε
e) Ξαναβάζουμε το εμποτισμένο μείγμα στη φωτιά να σιγοβράσει, μετά προσθέτουμε το μείγμα ζελατίνης και γάλακτος και ανακατεύουμε μέχρι να διαλυθεί τελείως η ζελατίνη. Χρησιμοποιώντας ένα σουρωτήρι με μικροσκοπικές τρύπες, κοσκινίστε το μείγμα και το παρασκεύασμα πανακότα σας είναι έτοιμο να το γεμίσετε σε ραμεκίν, κύπελλα γλυκού ή ποτήρια αμέσως μετά το στραγγίσιμο. Ψύξτε μέχρι να πήξει.

f) Περίπου 4 ώρες. Μπορείτε εύκολα να ρυθμίσετε τα φλιτζάνια του γλυκού υπό γωνία για να γίνετε δημιουργικοί με την πανακότα σας

g) Για να φτιάξετε το ζελέ, ανθίστε τη ζελατίνη στο μισό χυμό πορτοκαλιού για 5 λεπτά

h) Βράζετε το νερό και τη ζάχαρη σε δυνατή φωτιά μέχρι να σιροπιάσει (όχι παχύρρευστο), μετά περιχύνετε με αυτό το μείγμα την ανθισμένη ζελατίνη και χτυπάτε να διαλυθεί πλήρως η ζελατίνη. Ανακατεύουμε με το υπόλοιπο μισό χυμό και αφήνουμε το μείγμα να κρυώσει σε θερμοκρασία δωματίου

i) Ρίξτε κρύο μείγμα ζελέ πάνω από την πανακότα. Μπορείτε να ρίξετε ένα παχύ ή λεπτό στρώμα κατά βούληση. Αφήστε το ζελέ να δέσει πάνω στην πανακότα σας στο ψυγείο για περίπου μισή ώρα. ΥΓ:- Το ζελέ θα δέσει πιο γρήγορα από την Πανακότα

j) Σερβίρουμε παγωμένο και απολαμβάνουμε ως επιδόρπιο

46. Πανακότα φράουλα με καραμελωμένα φιστίκια

ΣΥΣΤΑΤΙΚΑ:

- 200 γρ. κομμάτια φράουλας
- 60 γρ ζάχαρη
- Πανακότα
- 250 ml γάλα
- 2 κουταλιές της σούπας ζελατίνη χωρίς γεύση
- 80 γρ ζάχαρη
- 1 πακέτο τσίκι φιστίκια θρυμματισμένα

ΟΔΗΓΙΕΣ:

a) Πάρτε ένα τηγάνι βάλτε κομμάτια φράουλας, μια ζάχαρη dd κρατήστε τη φωτιά μαγειρέψτε 3 έως 5 λεπτά μόλις λιώσει η ζάχαρη και στη συνέχεια η φράουλα μαλακώσει σχηματίζει ζουμερή υφή

b) Ζεσταίνουμε ένα τηγάνι ρίχνουμε το γάλα κρατάμε το βράσιμο προσθέτουμε τη ζάχαρη, ενώ παίρνουμε ένα μπολ βάζουμε ζελατίνη ρίχνουμε νερό ανακατεύουμε καλά αντικαθιστούμε τη ζελατίνη στο γάλα βράζουμε 2 λεπτά.

c) Αδειάζουμε σε μια φόρμα αφήνουμε 30 λεπτά και μετά ρίχνουμε τη σάλτσα φράουλας σε ένα πιάτο ρίξτε τη σάλτσα

d) Διακοσμήστε θρυμματισμένα κομμάτια φυστικιού, φύλλα μέντας έτοιμα για σερβίρισμα

47. Πανακότα με φράουλα και ακτινίδιο

ΣΥΣΤΑΤΙΚΑ:

- 1 φλιτζάνι γάλα
- 1 φλιτζάνι φρέσκια κρέμα
- 1 κουταλιά της σούπας ζελατίνη
- 3 κουταλιές της σούπας ζάχαρη
- 1 ακτινίδιο ψιλοκομμένο
- 2-3 φράουλες ψιλοκομμένες

ΟΔΗΓΙΕΣ:

a) Βάζουμε το γάλα σε ένα τηγάνι και προσθέτουμε τη ζελατίνη για 4-5 λεπτά για να μαλακώσει η ζελατίνη.

b) Τώρα ζεσταίνουμε το μείγμα γάλακτος μέχρι να διαλυθεί η ζελατίνη αλλά το γάλα να μην βράσει περίπου 4-5 λεπτά.

c) Προσθέστε τη ζάχαρη και την κρέμα γάλακτος, ανακατέψτε καλά.

d) Αποσύρουμε από τη φωτιά και αφήνουμε να κρυώσει.

e) Ρίξτε στα ποτήρια και βάλτε το στο ψυγείο για 4-5 ώρες αλλά όχι να το παγώσετε.

f) Όταν κρυώσει, γαρνίρουμε με ψιλοκομμένο ακτινίδιο και φράουλα.

48. Βουτυρόγαλα Panna Cotta με σάλτσα εσπεριδοειδών

ΣΥΣΤΑΤΙΚΑ:

- 1 φλιτζάνι Βουτυρόγαλα
- 1/4 φλιτζάνι Ζάχαρη
- 1/2 φλιτζάνι Heavy Cream
- 1-2 κλώνοι Άγαρ-Άγαρ σπασμένα κατά προσέγγιση

ΓΙΑ ΤΗ ΣΑΛΤΣΑ ΕΣΠΕΡΙΔΟΧΕΙΩΝ

- 1 Πορτοκάλι
- 5-6 Πορτοκαλί τμήματα
- 3-4 κουταλιές της σούπας Ζάχαρη

ΟΔΗΓΙΕΣ:

a) Ζεσταίνουμε σε μια κατσαρόλα την κρέμα γάλακτος και τη ζάχαρη. Ανακατέψτε τώρα το άγαρ άγαρ. Αφήστε το να διαλυθεί. Συνεχίστε να το ανακατεύετε. Θα χρειαστούν ένα με δύο λεπτά. Μην βράζετε. Θα πρέπει να είναι ζεστό. Αυτό είναι. Σε αυτό προσθέστε το βουτυρόγαλα. Ανακατέψτε το γρήγορα. Λαδώνουμε ελαφρώς το μπολ σας στο οποίο θα το βάλετε.

b) Ρίξτε το μείγμα σε αυτό ή σε ατομικές φόρμες ραμεκίν κατά βούληση και αφήστε το να δέσει. Ζεσταίνουμε τη ζάχαρη και το χυμό πορτοκαλιού σε μια κατσαρόλα σε μέτρια προς δυνατή φωτιά, ανακατεύοντας κατά διαστήματα μέχρι να διαλυθεί η ζάχαρη. Προσθέστε επίσης τα τμήματα Πορτοκαλί.

c) Το αποσύρουμε από τη φωτιά μόλις πήξει. Βάλτε την Πανακότα στο ψυγείο για τουλάχιστον 2-3 ώρες ή μέχρι να δέσει. Σερβίρετε παγωμένο με σάλτσα εσπεριδοειδών.

49. Πανακότα δαμάσκηνου

ΣΥΣΤΑΤΙΚΑ:
- 1 φλιτζάνι φρέσκια κρέμα
- 1/4 φλιτζάνι τυρόπηγμα
- 3 κουταλιές της σούπας Ζάχαρη
- 4-5 Ουσία βανίλιας
- 1 κουταλιά της σούπας Ζελατίνη
- 5-6 δαμάσκηνο
- 1/4 φλιτζάνι Ζάχαρη
- 1/4 φλιτζάνι νερό

ΟΔΗΓΙΕΣ:

a) Βάλτε τη φρέσκια κρέμα γάλακτος και τη ζάχαρη σε μια κατσαρόλα και ζεστάνετε σε χαμηλή φωτιά μέχρι να διαλυθεί η ζάχαρη. Ανάψτε τη φωτιά και αφήστε στην άκρη να κρυώσει.

b) Βάλτε τη ζελατίνη σε ένα μικρό μπολ και προσθέστε 2-3 κουταλιές της σούπας βραστό νερό. Ανακατέψτε καλά και κρατήστε στην άκρη

c) Ανακατεύουμε το γιαούρτι με ένα μπλέντερ χειρός μέχρι να ομογενοποιηθεί.

d) Τώρα προσθέστε το γιαούρτι στο μείγμα της φρέσκιας κρέμας και της ζάχαρης και ανακατέψτε καλά. Προσθέστε τη ζελατίνη και το εκχύλισμα βανίλιας και ανακατέψτε ξανά τα πάντα καλά. Σουρώστε το μείγμα χρησιμοποιώντας ένα πανί μουσελίνας ή σε ένα σουρωτήρι και μεταφέρετε σε φορμάκια ramekin ή φόρμες σιλικόνης ή φλιτζάνια για μάφιν ή γυάλινα μπολ όπως προτιμάτε.

e) Το βάζετε στο ψυγείο για 2-3 ώρες ή μέχρι να δέσει.

f) Φτιάχνουμε ένα εύκολο σιρόπι δαμάσκηνου για το γαρνίρισμα. Ξεσποριάζουμε τα δαμάσκηνα και τα μεταφέρουμε σε μια κατσαρόλα με ζάχαρη και νερό.

g) Βράστε το για 5-10 λεπτά ή μέχρι να διαλυθεί η ζάχαρη και αφήστε το στην άκρη να κρυώσει. Ανακατέψτε τα όλα σε ένα λείο πουρέ και ζεστάνετε για άλλα 5-7 λεπτά. Η σάλτσα Plum είναι έτοιμη.

h) Διατηρήστε το μέσα στο ψυγείο μία φορά και χρησιμοποιήστε το όποτε χρειαστεί.

i) Τώρα το τελευταίο βήμα είναι να κανονίσετε το Pana Cotta σας.

j) Ξεπλύνετε την Pana Cotta σας σε ένα πιάτο σερβιρίσματος και προσθέστε το σιρόπι δαμάσκηνου με ψύξη και φέτες φρέσκου δαμάσκηνου.

50. Mango Panna Cotta με διακόσμηση Spun Sugar

ΣΥΣΤΑΤΙΚΑ:
ΣΤΡΩΜΑ ΜΑΝΓΚΟ:
- 2 φλιτζάνια πουρέ μάνγκο
- 2 κουταλιές της σούπας άγαρ άγαρ/ζελατίνη/κινά γκρας
- 2 κουταλιές της σούπας ζεστό νερό

ΓΙΑ ΣΤΡΩΣΗ ΚΡΕΜΑ:
- 1 φλιτζάνι γεμάτο κρέμα γάλακτος
- 1 φλιτζάνι κρέμα
- Εκχύλισμα βανίλιας
- Ρίξε αλάτι
- 1/2 φλιτζάνι ζάχαρη
- 2 κουταλιές της σούπας χόρτο Κίνας
- 2 κουταλιές της σούπας ζεστό νερό

ΖΑΧΑΡΗ ΔΙΑΚΟΣΜΗΣΗ
- 2 κουταλιές της σούπας ζάχαρη

ΟΔΗΓΙΕΣ:
a) Πάρτε ένα μεγάλο μπολ, προσθέστε πορσελάνη και νερό και μουλιάστε για 15 λεπτά. Μετά από αυτό ανακατέψτε το εντελώς. Μόλις διαλυθεί προσθέτουμε τον πουρέ μάνγκο και τον ανακατεύουμε. Βεβαιωθείτε ότι έχει αναμειχθεί πλήρως. Πάρτε ένα ποτήρι σερβιρίσματος κρατήστε το σε ένα μπολ σε εγκάρσια κατεύθυνση και ρίξτε το μείγμα μάνγκο σε αυτό ελαφρώς και βάλτε το στο ψυγείο για 2 ώρες.

b) Για τη στρώση κρέμας-2 κουταλιές της σούπας ζελατίνη μουλιάζουμε σε ζεστό νερό και αφήνουμε στην άκρη. Έχω πάρει σπιτική κρέμα. (Ένα φλιτζάνι κρέμα γάλακτος διατηρείται στην κατάψυξη για μισή ώρα. Μετά από αυτό το ανακατεύουμε στο μίξερ θα έχουμε φρέσκια κρέμα.) Ζεσταίνουμε 1 φλιτζάνι γάλα προσθέτουμε τη ζάχαρη και την αφήνουμε στην άκρη. Η ζάχαρη πρέπει να διαλυθεί τελείως και το γάλα να είναι δροσερό. Τώρα προσθέστε το εκχύλισμα βανίλιας και ανακατέψτε το καλά. Πάρτε ένα μπολ προσθέστε κρέμα γάλακτος γλυκού γάλα ζελατίνη διαλυμένο νερό και ανακατέψτε το σωστά όλο το μείγμα πρέπει να ανακατευτεί σωστά.

c) Βγάλτε ένα ποτήρι πουρέ μάνγκο από το ψυγείο, προσθέστε στρώση κρέμας και αφήστε το ξανά για 2 ώρες μέχρι να δέσει τελείως. Γαρνίρουμε με λίγα ψιλοκομμένα μάνγκο

d) Παίρνουμε ένα τηγάνι προσθέτουμε τη ζάχαρη και το ζεσταίνουμε να πάρει μια βράση χωρίς να ανακατεύουμε ένα μέτριο καραμελένιο χρώμα. Αποσύρετε από τη φωτιά και αδειάζετε την καραμέλα σε λαδόκολλα και κάνετε σχέδιο σύμφωνα με την επιλογή σας. Αφήστε το να δέσει και σπάστε σε θραύσματα

51. Πανακότα καρύδας με γλάσο ανανά

ΣΥΣΤΑΤΙΚΑ:

- 1 φλιτζάνι γάλα καρύδας
- 1 φλιτζάνι παχύρρευστη κρέμα
- 1 1/4 κουταλάκι του γλυκού άγαρ άγαρ
- 3 κουταλιές της σούπας ζάχαρη
- 1 φλιτζάνι ανανά
- 1 κ.σ βούτυρο
- 1 κ.σ καστανή ζάχαρη

ΟΔΗΓΙΕΣ:

a) Προσθέστε την κρέμα, το γάλα καρύδας και το άγαρ άγαρ σε ένα μεγάλο τηγάνι. Χτυπάμε μέχρι να ομογενοποιηθούν και αφήνουμε στην άκρη για 15 λεπτά.

b) Προσθέστε τη ζάχαρη στο τηγάνι και ανακατέψτε καλά. Στη συνέχεια ανάβουμε τη φωτιά σε μέτρια. Ζεσταίνουμε μέχρι να διαλυθεί η ζάχαρη και το άγαρ, ανακατεύοντας συνεχώς μέχρι να αρχίσει να βράζει.

c) Ζεσταίνουμε για άλλα 3-4 λεπτά σε χαμηλή φωτιά, ανακατεύοντας συνεχώς και σβήνουμε τη φωτιά.

d) Χρησιμοποιήστε έναν λεπτό πολτό και φιλτράρετε το μείγμα σε ένα καθαρό μπολ. Ρίξτε το μείγμα σε ποτήρι της αρεσκείας σας και βάλτε το στο ψυγείο μέχρι να δέσει η πανακότα.

e) Για να φτιάξετε το γλάσο ανανά, προσθέστε το βούτυρο και την καστανή ζάχαρη σε ένα τηγάνι και ζεστάνετε σε μέτρια φωτιά. Συνεχίζουμε να ανακατεύουμε μέχρι να λιώσει το βούτυρο και να διαλυθεί η ζάχαρη.

f) Τώρα προσθέστε τον ανανά (τον ψιλοκόψα, αν θέλετε κρατήστε μεγαλύτερα κομμάτια) στο τηγάνι, ανακατέψτε καλά και συνεχίστε να μαγειρεύετε μέχρι να μαλακώσει ο ανανάς.

g) Εάν ο ανανάς δεν είναι γλυκός, πρέπει να χρησιμοποιήσετε λίγη περισσότερη ζάχαρη. Βάζουμε στο ψυγείο μέχρι να κρυώσει.

h) Προσθέστε το γλάσο ανανά πάνω από την πανακότα και σερβίρετε κρύα. Απολαμβάνω.

52. Τριχρωμία Panna Cotta Delight

ΣΥΣΤΑΤΙΚΑ:
ΓΙΑ ΣΤΡΩΜΑ ΜΑΝΓΚΟ
- 1 φλιτζάνι πουρέ μάνγκο
- 2 κουταλιές της σούπας νερό
- 1 κουταλάκι του γλυκού ζελατίνη χωρίς γεύση ή χρησιμοποιήστε 4 g china grass/agar agar
- κατά γεύση Ζάχαρη

ΓΙΑ ΠΡΑΣΙΝΟ(KHAS) ΣΤΡΩΜΑ
- 1 Φλιτζάνι κρέμα γάλακτος
- 2-3 κουταλιές της σούπας σιρόπι khas
- κατά γεύση Ζάχαρη
- 1 κουταλάκι του γλυκού ζελατίνη
- όσο χρειάζεται Λίγες σταγόνες πράσινο χρώμα τροφίμων (προαιρετικό)

ΓΙΑ ΣΤΡΩΣΗ ΚΡΕΜΑ ΒΑΝΙΛΙΑΣ
- 1 Φλιτζάνι κρέμα γάλακτος
- κατά γεύση Ζάχαρη
- 1/2 κουταλάκι του γλυκού απόσταγμα βανίλιας
- 1 κουταλάκι του γλυκού ζελατίνη

ΟΔΗΓΙΕΣ:
ΓΙΑ ΣΤΡΩΜΑ ΜΑΝΓΚΟ
a) Πρώτα σε ένα μικρό μπολ προσθέτουμε τη ζελατίνη και 2 κουταλιές της σούπας νερό, ανακατεύουμε καλά και αφήνουμε να κάτσει για 5 λεπτά να ανθίσει. Σε ένα τηγάνι προσθέτουμε τον πουρέ μάνγκο, τη ζελατίνη και το ζεσταίνουμε για 2 -3 λεπτά σε χαμηλή φωτιά.
b) Σβήνουμε τη φωτιά και ρίχνουμε το μείγμα σε οποιοδήποτε σχήμα φόρμας/ποτήρια της αρεσκείας μας και το φυλάμε στο ψυγείο να δέσει εντελώς.

ΓΙΑ ΣΤΡΩΜΑ ΧΑΣ
c) Σε ένα μικρό μπολ προσθέτουμε τη ζελατίνη ανακατεύουμε καλά και την αφήνουμε για 5 λεπτά να ανθίσει. Στη συνέχεια σε μια κατσαρόλα προσθέτουμε την κρέμα γάλακτος, τη ζάχαρη και βράζουμε σε μέτρια φωτιά μέχρι να διαλυθεί η ζάχαρη.

d) Όταν το μείγμα φτάσει στο σημείο βρασμού, απενεργοποιήστε τη φωτιά, προσθέστε το σιρόπι khas, μερικές σταγόνες πράσινο χρώμα τροφίμων, (προαιρετικά) ανθισμένη ζελατίνη και ανακατέψτε μέχρι να διαλυθεί τελείως.

e) Το αφήνουμε να κρυώσει σε θερμοκρασία δωματίου και μετά ρίχνουμε αυτό το μείγμα πάνω από τη στρώση μάνγκο και το αφήνουμε ξανά στο ψυγείο να δέσει.

ΓΙΑ ΣΤΡΩΣΗ ΒΑΝΙΛΙΑΣ

f) Σε ένα μικρό μπολ προσθέτουμε τη ζελατίνη ανακατεύουμε καλά και την αφήνουμε για 5 λεπτά να ανθίσει. Στη συνέχεια σε μια κατσαρόλα προσθέτουμε την κρέμα γάλακτος, τη ζάχαρη και βράζουμε σε μέτρια φωτιά μέχρι να διαλυθεί η ζάχαρη.

g) Όταν το μείγμα φτάσει στο σημείο βρασμού, σβήνετε τη φωτιά, προσθέτετε τη ζελατίνη με εκχύλισμα βανίλιας και ανακατεύετε μέχρι να διαλυθεί τελείως. Αφήστε το να κρυώσει σε θερμοκρασία δωματίου και στη συνέχεια ρίξτε αυτό το μείγμα πάνω από τη στρώση khas και φυλάξτε το ξανά στο ψυγείο να δέσει εντελώς.

h) Το Delicious Panna Cotta Delight 3 στρώσεων είναι έτοιμο για σερβίρισμα.

53. Mango Lassi Panna Cotta

ΣΥΣΤΑΤΙΚΑ:
- 2 μεγάλα μάνγκο
- 1/4 φλιτζάνι γάλα
- 2/3 φλιτζανιού γιαούρτι
- 1 φλιτζάνι παχύρρευστη κρέμα
- 2 κουταλιές της σούπας ζάχαρη
- 1 κουταλάκι του γλυκού Άγαρ Άγαρ σε σκόνη
- 1 κουταλάκι του γλυκού κάρδαμο σε σκόνη
- 3-4 σκέλη σαφράν

ΟΔΗΓΙΕΣ:
a) Μουλιάστε τη σκόνη Άγαρ Άγαρ σε αρκετό νερό ώστε να μουλιάσει καλά. Είναι απαραίτητο.
b) Φτιάχνουμε τον πουρέ μάνγκο ξεφλουδίζοντας, κόβουμε φέτες και προσθέτουμε στο μπλέντερ για να γίνει πουρές
c) Σε ένα τηγάνι προσθέτουμε το Milk and Heavy cream και το αφήνουμε να βράσει σε μέτρια φωτιά.
d) Προσθέστε κάρδαμο σε σκόνη και κορδόνια σαφράν. Προσθέστε τον πουρέ μάνγκο και το γιαούρτι και χτυπήστε καλά όσο είναι σε φωτιά. Αφήνω στην άκρη
e) Ψύξτε για 2-3 λεπτά και στραγγίστε το μείγμα μάνγκο
f) Λαδώνουμε τα φορμάκια. Αδειάζουμε σε φορμάκια και βάζουμε στο ψυγείο για μια νύχτα
g) Γαρνίρουμε με μικρές φέτες μάνγκο και φύλλα μέντας και απολαμβάνουμε

54. Γάλα καρύδας και πανακότα πορτοκαλιού

ΣΥΣΤΑΤΙΚΑ:
- 250 ml γάλα καρύδας
- 4-5 κουταλιές της σούπας Ζάχαρη
- 1 Πορτοκάλι
- 2-3 κλώνοι Άγαρ-Άγαρ
- 1/2 φλιτζάνι νερό

ΟΔΗΓΙΕΣ:
a) Βράζετε το γάλα καρύδας σε χαμηλή φωτιά και προσθέτετε τη ζάχαρη μαζί με τον φρεσκοστυμμένο χυμό πορτοκαλιού μαζί με τη φλούδα του. Αφήνω στην άκρη. Στο μεταξύ, προσθέστε μισό φλιτζάνι νερό στους κλώνους Άγαρ-Άγαρ που κόβονται σε μικρά κομμάτια. Το αφήνετε να πάρει μια βράση σε δυνατή φωτιά αρχικά και μετά αφήστε το να σιγοβράσει για περίπου 4-5 λεπτά.
b) Είναι σημαντικό να είναι απολύτως διαλυμένο και να είναι σχεδόν διαφανές. Στη συνέχεια είναι έτοιμο να αναμειχθεί με γάλα καρύδας και χυμό πορτοκαλιού.
c) Ανακατέψτε καλά. Προσθέστε το σε οποιοδήποτε γυάλινο πιάτο ή σε μια φόρμα για κέικ όποιο είναι βολικό. Αφήστε το να κρυώσει λίγο διατηρώντας το σε δροσερό μέρος. Αργότερα το βάζετε στο ψυγείο μέχρι να κρυώσει.
d) Κόψτε και απολαύστε!

55. Πανακότα με ρόδι

ΣΥΣΤΑΤΙΚΑ:
- 1/2 πακέτο φρέσκια κρέμα
- 1 κουταλιά της σούπας ζάχαρη
- 11/2 φλιτζάνι γάλα
- 1 κουταλάκι του γλυκού ζελατίνη
- 1 φλιτζάνι χυμό ροδιού
- 1 κουταλάκι του γλυκού απόσταγμα βανίλιας

ΟΔΗΓΙΕΣ:
a) Ρίξτε ζελατίνη στο γάλα και αφήστε το για 10 λεπτά
b) Ζεσταίνουμε την κρέμα προσθέτουμε τη ζάχαρη και το άρωμα βανίλιας
c) Ανακατεύουμε το μείγμα ζελατίνης ρίχνουμε σε ποτήρι
d) Βάλτε στο ψυγείο όλη τη νύχτα
e) Ζεσταίνουμε το χυμό ροδιού προσθέτουμε το μείγμα ζελατίνης και περιχύνουμε την πανακότα μας
f) Βάζουμε στο ψυγείο για όλη τη νύχτα
g) Διακοσμήστε με φρέσκα ρόδια

56. Πράσινο και Λευκό Πανακότα

ΣΥΣΤΑΤΙΚΑ:
- 1 πακέτο πράσινη ζελέ μπανάνα
- 2 φλιτζάνια νερό
- 1/3 φλιτζάνι βραστό νερό
- 3 κουταλιές της σούπας ζελατίνη
- 400 ml κρέμα
- 5 κουταλιές της σούπας ζάχαρη ή ανάλογα με τη γεύση
- 1 κουταλάκι βανίλια εσσενάν

ΟΔΗΓΙΕΣ:
a) Βράζουμε το νερό προσθέτουμε το ζελέ και το ανακατεύουμε.
b) Βάζουμε ένα ζελέ σε μικρά ποτήρια στο ψυγείο για 1/2 ώρα.
c) Διαλύουμε τη ζελατίνη σε ζεστό νερό.
d) Προσθέτουμε τη ζάχαρη και ανακατεύουμε καλά.
e) Προσθέστε το essenan της βανίλιας και ανακατέψτε καλά.
f) Προσθέτουμε την κρέμα και ανακατεύουμε καλά.
g) Το αδειάζετε ξανά σε πράσινη ζελατίνα ψυγείου σε 1/2 ώρα.

57. Πανακότα Ελληνικού γιαουρτιού με Πουρέ Χουρμά

ΣΥΣΤΑΤΙΚΑ:
ΓΙΑ ΠΑΝΑ ΚΟΤΑ:
- 1 φλιτζάνι παχύρρευστη κρέμα
- 1/3 φλιτζάνι ζάχαρη
- 1/8 κουταλάκι του γλυκού αλάτι
- 1 κουταλάκι του γλυκού εκχύλισμα βανίλιας
- 1 φάκελος ζελατίνη χωρίς γεύση
- 2 φλιτζάνια ελληνικό γιαούρτι

ΓΙΑ ΠΟΥΡΕ ΧΟΥΜΜΑΤΙΩΝ:
- 2 φλιτζάνια χουρμάκι (κουκούτσι και μουλιάστε στο νερό και μετά φτιάξτε μια πάστα στο μπλέντερ)
- για να δοκιμάσετε ζάχαρη
- 1 κουταλιά της σούπας άμυλο καλαμποκιού

ΟΔΗΓΙΕΣ:

a) Σε ένα μικρό μπολ ανακατεύουμε 1 φάκελο ζελατίνη με 3 κουταλιές της σούπας νερό και αφήνουμε στην άκρη για 5 λεπτά.

b) Σε μια κατσαρόλα ανακατεύουμε την κρέμα γάλακτος, τη ζάχαρη, το αλάτι και το εκχύλισμα βανίλιας. Μαγειρέψτε το για περίπου 5 λεπτά (ανακατεύοντας συνεχώς) σε μέτρια φωτιά μέχρι να διαλυθεί πλήρως η ζάχαρη. Δεν χρειάζεται να το βάλετε να πάρει βράση, αλλά να το ζεστάνετε αρκετά για να αναμειχθούν όλα τα υλικά μαζί.

c) Σβήνουμε το μάτι της κουζίνας και προσθέτουμε τη διαλυμένη ζελατίνη στο μείγμα, το χτυπάμε μέχρι να ομογενοποιηθεί καλά.

d) Προσθέστε 2 φλιτζάνια ελληνικό γιαούρτι και ανακατέψτε το πολύ καλά μέχρι να έχετε μια λεία συνοχή.

e) Μοιράζουμε αυτό το μείγμα σε 4 ποτήρια και το βάζουμε στο ψυγείο για μερικές ώρες.

ΠΟΥΡΕ ΧΟΥΜΜΕΝΩΝ:

f) Σε μια κατσαρόλα ανακατεύουμε τους χουρμάδες τη ζάχαρη και τον αφήνουμε να βράσει και μαγειρεύουμε για περίπου 3-4 λεπτά.

g) Ανακατεύουμε το καλαμποκάλευρο με 3 κουταλιές της σούπας νερό και το προσθέτουμε στη σάλτσα. Το ανακατεύουμε καλά για ένα λεπτό και μετά σβήνουμε τη φωτιά. Αφήνουμε τη σάλτσα να κρυώσει και τη ρίχνουμε με κουτάλι πάνω από την παγωμένη πανακότα.

h) Σκεπάζουμε με πλαστική μεμβράνη και βάζουμε στο ψυγείο για άλλες δύο ώρες.

i) Πριν σερβίρετε το γλυκό, βάλτε από πάνω ψιλοκομμένο χουρμά και δυόσμο.

58. Πανακότα λωτός

4 μερίδες

ΣΥΣΤΑΤΙΚΑ:

- 400 ml κρέμα γάλακτος
- 1/3 φλιτζάνι ζάχαρη ή σύμφωνα με το γούστο σας
- 3 κουταλιές της σούπας ζελατίνη ή Ager Ager
- Για τον πουρέ λωτός
- 1/4 φλιτζάνι νερό
- 2 λωτός μεσαίου μεγέθους
- 2 κουταλιές της σούπας Ager Ager ή ζελατίνη

ΟΔΗΓΙΕΣ:

a) Σε ένα μικρό τηγάνι ζεσταίνουμε 350 ml κρέμα γάλακτος. Κοσκινίζουμε τη ζάχαρη ανακατεύουμε απαλά.

b) Σε ένα ξεχωριστό μπολ ανακατέψτε το άγαρ άγαρ με 50 ml ζεστή κρέμα γάλακτος ανακατέψτε καλά τώρα προσθέστε αυτό το μείγμα σε κρεμώδες μείγμα για 2 λεπτά, ανακατεύοντας. Αφήνουμε να κρυώσει λίγο.

c) Γεμίζουμε σε 4 ποτήρια μέχρι την άκρη και αφήνουμε την πανακότα να σταθεροποιηθεί στο ψυγείο – περίπου μία ώρα.

d) Κόψτε τον λωτό και αφαιρέστε τη φλούδα του. Το ανακατεύουμε με νερό αν χρειάζεται μέχρι να γίνει πουρές.

e) Διαλύστε 2 κουταλιές της σούπας σκόνη άγαρ σε 25 ml ζεστό νερό και προσθέστε το στον πουρέ λωτού. Ανακατέψτε καλά.

f) Γεμίστε τον υπόλοιπο χώρο στα ποτήρια με πουρέ λωτού. Αφήνουμε στο ψυγείο για περίπου 2 με 4 ώρες ή μέχρι να δέσει εντελώς.

59. Πανακότα με κρέμα και καρπούζι

Κάνει: 4 μερίδες

ΣΥΣΤΑΤΙΚΑ:
- 500 ml γάλα
- 1 κουταλιά της σούπας κρέμα σε σκόνη -
- Ζάχαρη - σύμφωνα με το γούστο σας
- Καρπούζι - 1 μεγάλο μπολ, χωρίς κουκούτσια και κομμένο σε κομμάτια
- 1/2 κουταλιά αλάτι
- 1 κουταλιά της σούπας φύλλα μέντας
- 1 κουταλιά χυμό λεμονιού

ΟΔΗΓΙΕΣ:
a) Παίρνετε 1/2 φλιτζάνι γάλα, προσθέτετε τη σκόνη κρέμας και ανακατεύετε καλά.
b) Βράζουμε το γάλα, προσθέτουμε την κρέμα γάλακτος και τη ζάχαρη.
c) Μετά από 5 λεπτά σβήστε το αέριο.
d) Ψύξτε το μείγμα.
e) Παίρνουμε 4 ποτήρια, προσθέτουμε κρέμα γάλακτος και αφήνουμε στην κατάψυξη για 4-5 ώρες.
f) Πάρτε ένα βάζο, προσθέστε κομμάτια καρπούζι, αλάτι, φύλλα μέντας και χυμό λεμονιού και απαλά.
g) Τώρα προσθέστε αυτό το μείγμα σε ποτήρια γάλακτος κρέμας και βάλτε το στην κατάψυξη για 4-5 ώρες.
h) Γαρνίρουμε με φύλλα μέντας και σερβίρουμε παγωμένο.

60. Κομπόστα αχλαδιού σε ζελέ με πανακότα

Κάνει: 8 μερίδες

ΣΥΣΤΑΤΙΚΑ:
ΚΟΜΠΟΣΤΑ ΑΧΛΑΔΙ ΣΕ ΖΕΛΕ:
- 2 ασιατικά αχλάδια
- 200 ml Λευκό κρασί
- 60 γραμμάρια Ζάχαρη
- 10 ml χυμό λεμονιού
- 2 γραμμάρια φύλλα ζελατίνης

ΠΑΝΑΚΟΤΑ
- 200 ml Κρέμα βαριάς
- 200 ml γάλα
- 30 γραμμάρια Ζάχαρη
- 30 γραμμάρια μέλι
- 6 γραμμάρια φύλλα ζελατίνης

ΟΔΗΓΙΕΣ:
Φτιάξτε την κομπόστα αχλαδιών
a) Κόβουμε τα αχλάδια σε 16 φέτες το καθένα και τα βάζουμε σε ένα ταψί μαζί με τα υλικά. Ξεκινήστε το μαγείρεμα σε δυνατή φωτιά.
b) Το αφήνουμε να πάρει μια βράση για να εξατμιστεί το αλκοόλ στο λευκό κρασί και μετά σιγοβράζουμε σε μέτρια φωτιά μέχρι τα αχλάδια να γίνουν ημιδιαφανή. Αφαιρέστε και τυχόν αποβράσματα.
c) Τα αχλάδια θα γίνουν ημιδιαφανή σε λίγα λεπτά. Σβήνουμε τη φωτιά και αφήνουμε να κρυώσει στο τηγάνι.
d) Όταν κρυώσει σε θερμοκρασία δωματίου, μεταφέρετε τα αχλάδια με το υγρό ποσέ σε ένα δοχείο αποθήκευσης και ψύξτε στο ψυγείο.
Φτιάχνουμε την πανακότα:
e) Μουλιάζουμε τα 6 γρ φύλλα ζελατίνης για την πανακότα για περίπου 20 λεπτά σε νερό.

f) Ζεσταίνουμε τα υλικά σε μέτρια φωτιά. Συνεχίστε να ανακατεύετε μέχρι να διαλυθεί τελείως η ζάχαρη και σβήστε τη φωτιά. Απολύτως μην το αφήσετε να βράσει.

g) Προσθέστε τα μουλιασμένα φύλλα ζελατίνης στο μείγμα πανακότα και διαλύστε τη ζελατίνη εντελώς. Σουρώνετε το μείγμα σε φλιτζάνια.

h) Σκεπάζετε με τα καπάκια και αφήνετε να παγώσει μέχρι να παγώσει στο ψυγείο.

Φτιάξτε το ζελέ:

i) Ζεσταίνουμε το σιρόπι από την κομπόστα αχλαδιών. μην το αφήσετε να πάρει μια βράση. Προσθέστε τα 2 γρ φύλλα ζελατίνης που κρατήθηκαν για το ζελέ, τα οποία έχετε μουλιάσει από πριν σε νερό.

j) Αδειάζουμε σε ένα δοχείο και το βάζουμε στο ψυγείο μέχρι να δέσει.

k) Τοποθετούμε την κομπόστα αχλαδιών πάνω από την πανακότα. Προσθέστε το ζελέ από πάνω για να τελειώσει.

l) Η κομπόστα αχλάδι είναι νόστιμη από μόνη της φυσικά.

61. Πανακότα με σάλτσα καραμέλας

Κάνει: 6 μερίδες

ΣΥΣΤΑΤΙΚΑ::
- 1 φλιτζάνι Ζάχαρη
- 1 φλιτζάνι Νερό; ή περισσότερο
- 1 φλιτζάνι Νερό
- 2 κουταλιές της σούπας Νερό
- 4 κουταλάκια του γλυκού ζελατίνη χωρίς γεύση
- 5 φλιτζάνια σαντιγί
- 1 φλιτζάνι Γάλα
- 1 φλιτζάνι ζάχαρη άχνη
- 1 φασόλι βανίλιας? χωρίζονται κατά μήκος

ΟΔΗΓΙΕΣ:
ΓΙΑ ΣΑΛΤΣΑ:

a) Ανακατέψτε 1 φλιτζάνι ζάχαρη και ½ φλιτζάνι νερό σε βαριά μέτρια κατσαρόλα σε χαμηλή φωτιά. Ανακατεύουμε μέχρι να διαλυθεί η ζάχαρη. Δυναμώνουμε τη φωτιά και βράζουμε χωρίς να ανακατεύουμε μέχρι το σιρόπι να γίνει πορτοκαλί, περιστρέφοντας περιστασιακά το τηγάνι και βουρτσίζοντας τις πλευρές με βρεγμένη βούρτσα ζαχαροπλαστικής, περίπου 8 λεπτά. Αφαιρέστε το τηγάνι από τη φωτιά.

b) Προσθέστε προσεκτικά ½ φλιτζάνι νερό. Επιστρέψτε το τηγάνι να ζεσταθεί και αφήστε το να βράσει, ανακατεύοντας να διαλυθούν τυχόν κομμάτια καραμέλας, περίπου 2 λεπτά.

c) Δροσερός.

ΓΙΑ ΠΟΥΤΙΓΑ:

d) Ρίξτε 2 κουταλιές της σούπας νερό σε ένα μικρό μπολ. Πασπαλίζουμε με ζελατίνη. Αφήστε να σταθεί μέχρι να μαλακώσει, περίπου 10 λεπτά. Ανακατεύουμε την κρέμα γάλακτος, το γάλα και τη ζάχαρη σε βαριά μεγάλη κατσαρόλα. Ξύστε σε σπόρους από φασόλι βανίλιας. προσθέστε φασόλι.

e) Αφήνουμε να βράσει, ανακατεύοντας συχνά. Αποσύρουμε από τη φωτιά. Προσθέτουμε το μείγμα ζελατίνης και ανακατεύουμε να διαλυθεί. Αφαιρέστε το φασόλι βανίλιας. Μεταφέρετε το μείγμα σε μπολ. Τοποθετήστε το μπολ πάνω από ένα μεγαλύτερο μπολ με παγωμένο νερό. Αφήστε να σταθεί μέχρι να κρυώσει, ανακατεύοντας κατά διαστήματα, περίπου 30 λεπτά. Μοιράστε την πουτίγκα εξίσου σε έξι φλιτζάνια κρέμας 10 ουγκιών. Σκεπάζουμε και βάζουμε στο ψυγείο όλη τη νύχτα.

f) Ξεφορμάρουμε τις πουτίγκες σε πιάτα. Περιχύνουμε με σάλτσα καραμέλας και σερβίρουμε.

62. Πανακότα σοκολάτας

Φτιάχνει: 5 μερίδες

ΣΥΣΤΑΤΙΚΑ::
- 500 ml παχύρρευστη κρέμα
- 10 γρ ζελατίνη
- 70 γρ μαύρη σοκολάτα
- 2 κουταλιές της σούπας γιαούρτι
- 3 κουταλιές της σούπας ζάχαρη
- μια πρέζα αλάτι

ΟΔΗΓΙΕΣ:
a) Σε μικρή ποσότητα κρέμας μουλιάζουμε τη ζελατίνη.
b) Σε μια μικρή κατσαρόλα ρίχνουμε την υπόλοιπη κρέμα. Βάζουμε τη ζάχαρη και το γιαούρτι να πάρουν βράση, ανακατεύοντας κατά διαστήματα, αλλά δεν βράζουν. Αποσύρουμε το τηγάνι από τη φωτιά.
c) Ανακατεύουμε τη σοκολάτα και τη ζελατίνη μέχρι να διαλυθούν τελείως.
d) Γεμίζουμε τα φορμάκια με το κουρκούτι και τα αφήνουμε να κρυώσουν για 2-3 ώρες.
e) Για να απελευθερώσετε την πανακότα από τη φόρμα, περάστε την κάτω από ζεστό νερό για λίγα δευτερόλεπτα πριν αφαιρέσετε το γλυκό.
f) Διακοσμήστε σύμφωνα με τις προτιμήσεις σας και σερβίρετε!

63. Κρέμα καραμελέ

Κάνει: 1 μερίδα

ΣΥΣΤΑΤΙΚΑ:
- ½ φλιτζάνι κρυσταλλική ζάχαρη
- 1 κουταλάκι του γλυκού Νερό
- 4 κρόκοι αυγών ή 3 ολόκληρα αυγά
- 2 φλιτζάνια γάλα, ζεματισμένο
- ½ κουταλάκι του γλυκού εκχύλισμα βανίλιας

ΟΔΗΓΙΕΣ:
a) Σε ένα μεγάλο τηγάνι, ανακατέψτε 6 κουταλιές της σούπας ζάχαρη και 1 φλιτζάνι νερό. Ζεσταίνουμε σε χαμηλή φωτιά, ανακινώντας ή στροβιλίζοντας περιστασιακά με μια ξύλινη κουτάλα για να μην καεί, μέχρι να ροδίσει η ζάχαρη.
b) Ρίξτε το σιρόπι καραμέλας σε ένα ρηχό ταψί (8x8 ίντσες) ή πιατέλα πίτας το συντομότερο δυνατό. Αφήνουμε να κρυώσει μέχρι να σφίξει.
c) Προθερμαίνουμε το φούρνο στους 325 βαθμούς Φαρενάιτ.
d) Είτε χτυπάμε τους κρόκους των αυγών είτε ολόκληρα τα αυγά μαζί. Ανακατέψτε το γάλα, το εκχύλισμα βανίλιας και την υπόλοιπη ζάχαρη μέχρι να ενωθούν πλήρως.
e) Ρίχνουμε από πάνω την κρυωμένη καραμέλα.
f) Τοποθετήστε το ταψί σε ένα λουτρό ζεστού νερού. Ψήνουμε για 1-112 ώρες ή μέχρι να σφίξει το κέντρο. Δροσερό, δροσερό, δροσερό.
g) Για να σερβίρετε, αναποδογυρίστε σε πιατέλα με προσοχή.

64. Ιταλικά ψημένα ροδάκινα

Κάνει: 1 μερίδα

ΣΥΣΤΑΤΙΚΑ:
- 6 Ώριμα ροδάκινα
- ⅓ φλιτζάνι Ζάχαρη
- 1 φλιτζάνι αλεσμένα αμύγδαλα
- 1 κρόκος αυγού
- ½ κουταλάκι του γλυκού εκχύλισμα αμυγδάλου
- 4 κουταλιές της σούπας Βούτυρο
- ¼ φλιτζάνι αμύγδαλα κομμένα σε φέτες
- Κρέμα βαριά, προαιρετικά

ΟΔΗΓΙΕΣ:
a) Προθερμαίνουμε το φούρνο στους 350 βαθμούς Φαρενάιτ. Τα ροδάκινα πρέπει να ξεπλένονται, να κόβονται στο μισό και να αφαιρούνται τα κουκούτσια. Σε έναν επεξεργαστή τροφίμων, πολτοποιήστε τα 2 από τα μισά ροδάκινα.
Σε ένα πιάτο ανακατεύουμε τον πουρέ, τη ζάχαρη, τα αλεσμένα αμύγδαλα, τον κρόκο αυγού και το εκχύλισμα αμυγδάλου. Για να κάνετε μια λεία πάστα, ανακατέψτε όλα τα υλικά σε ένα μπολ ανάμειξης.
b) Ρίξτε τη γέμιση σε κάθε μισό ροδάκινο και βάλτε τα γεμιστά μισά ροδάκινα σε βουτυρωμένο ταψί.
c) Πασπαλίζουμε με αμύγδαλα κομμένα σε φέτες και αλείφουμε τα ροδάκινα με το υπόλοιπο βούτυρο πριν τα ψήσουμε για 45 λεπτά.
d) Σερβίρετε ζεστό ή κρύο, με μια πλευρά κρέμας ή παγωτού.

65. Μελιωμένη πουτίγκα

Κάνει: 6 μερίδες

ΣΥΣΤΑΤΙΚΑ:
- ¼ φλιτζάνι ανάλατο βούτυρο
- 1 ½ φλιτζάνι Γάλα
- 2 μεγάλα αυγά? ελαφρώς χτυπημένα
- 6 φέτες Λευκό χωριάτικο ψωμί. σχισμένο
- ½ φλιτζάνι Clear? αραιό μέλι, συν
- 1 κουταλιά της σούπας Clear; αραιό μέλι
- ½ φλιτζάνι Ζεστό νερό? συν
- 1 κουταλιά της σούπας Ζεστό νερό
- ¼ κουταλάκι του γλυκού αλεσμένη κανέλα
- ¼ κουταλάκι του γλυκού Βανίλια

ΟΔΗΓΙΕΣ:
a) Προθερμαίνουμε τον φούρνο στους 350 βαθμούς και χρησιμοποιούμε λίγο από το βούτυρο για να βουτυρώσουμε ένα γυάλινο ταψί για πίτα 9 ιντσών. Χτυπάμε μαζί το γάλα και τα αυγά, μετά προσθέτουμε τα κομμάτια του ψωμιού και τα γυρίζουμε να επικαλυφθούν ομοιόμορφα.
b) Αφήστε το ψωμί να μουλιάσει για 15 με 20 λεπτά, αναποδογυρίζοντας μία ή δύο φορές. Σε ένα μεγάλο αντικολλητικό τηγάνι ζεσταίνουμε το υπόλοιπο βούτυρο σε μέτρια φωτιά.
c) Τηγανίζουμε το μουλιασμένο ψωμί στο βούτυρο μέχρι να ροδίσει, περίπου 2 με 3 λεπτά από κάθε πλευρά. Μεταφέρετε το ψωμί στο ταψί.
d) Σε ένα μπολ ανακατεύουμε το μέλι και το ζεστό νερό και ανακατεύουμε μέχρι να ομογενοποιηθεί το μείγμα.
e) Προσθέστε την κανέλα και τη βανίλια και περιχύστε το μείγμα πάνω και γύρω από το ψωμί.
f) Ψήνουμε για περίπου 30 λεπτά, ή μέχρι να ροδίσουν.

66. Παγωμένο μέλι Semifreddo

Κάνει: 8 μερίδες

ΣΥΣΤΑΤΙΚΑ:
- 8 ουγγιές παχύρρευστη κρέμα
- 1 κουταλάκι του γλυκού εκχύλισμα βανίλιας
- ¼ κουταλάκι του γλυκού ροδόνερο
- 4 μεγάλα αυγά
- 4 ½ ουγγιές μέλι
- ¼ κουταλάκι του γλυκού συν ⅛ κουταλάκι του γλυκού αλάτι kosher
- Τοπινγκ όπως φρούτα σε φέτες, φρυγανισμένους ξηρούς καρπούς, μύτη κακάο ή ξυρισμένη σοκολάτα

ΟΔΗΓΙΕΣ:

a) Προθερμάνετε το φούρνο στους 350°F. Στρώστε ένα ταψί 9 επί 5 ιντσών με πλαστικό περιτύλιγμα ή χαρτί περγαμηνής.

b) Για το Semifreddo, στο μπολ ενός μίξερ με εξάρτημα με σύρμα, χτυπήστε την κρέμα, τη βανίλια και το ροδόνερο μέχρι να σφίξουν.

c) Μεταφέρετε σε ξεχωριστό μπολ ή πιάτο, καλύψτε και ψύξτε μέχρι να είναι έτοιμο για χρήση.

d) Στο μπολ του μίξερ χτυπάμε τα αυγά, το μέλι και το αλάτι. Για να ανακατέψετε, χρησιμοποιήστε μια εύκαμπτη σπάτουλα για να ανακατέψετε τα πάντα.

e) Σε μια λεκάνη από ανοξείδωτο χάλυβα, μαγειρέψτε, στροβιλίζοντας και ξύνοντας τακτικά με μια εύκαμπτη σπάτουλα, μέχρι να ζεσταθεί στους 165°F, περίπου 10 λεπτά.

f) Μεταφέρετε το μείγμα σε μίξερ βάσης εξοπλισμένο με εξάρτημα χτυπήματος μόλις φτάσει τους 165°F. Χτυπάμε τα αυγά ψηλά μέχρι να αφρατέψουν.

Χτυπάμε απαλά τη μισή από την έτοιμη σαντιγί με το χέρι. Προσθέστε τα υπόλοιπα υλικά, χτυπήστε γρήγορα και μετά διπλώστε με μια εύκαμπτη σπάτουλα μέχρι να ομογενοποιηθούν καλά.

g) Ξύστε σε έτοιμο ταψί για φραντζόλα, καλύψτε σφιχτά και παγώστε για 8 ώρες ή μέχρι να στερεωθεί αρκετά για να το κόψετε σε φέτες ή μέχρι η εσωτερική θερμοκρασία να φτάσει τους 0°F.

h) Αναποδογυρίζουμε το σεμιφρέντο σε ένα δροσερό πιάτο για να το σερβίρουμε.

67. Zabaglione

Κάνει: 4

ΣΥΣΤΑΤΙΚΑ:
- 4 κρόκοι αυγών
- ¼ φλιτζάνι ζάχαρη
- ½ φλιτζάνι Marsala Ξηρό ή άλλο ξηρό λευκό κρασί
- μερικά κλωνάρια φρέσκιας μέντας

ΟΔΗΓΙΕΣ:
l) Σε μια λεκάνη ανθεκτική στη θερμότητα, χτυπήστε μαζί τους κρόκους και τη ζάχαρη μέχρι να γίνουν ανοιχτόκίτρινο και γυαλιστερό. Στη συνέχεια, το Marsala πρέπει να χτυπηθεί με το σύρμα.

m) Φέρτε μια μεσαία κατσαρόλα γεμάτη νερό μέχρι να βράσει λίγο. Ξεκινήστε να χτυπάτε το μείγμα αυγών/κρασί στο αντιθερμικό μπολ πάνω από την κατσαρόλα.

n) Συνεχίστε το χτύπημα για 10 λεπτά με ηλεκτρικά χτυπητήρια (ή ένα σύρμα) πάνω από ζεστό νερό.

o) Χρησιμοποιήστε ένα θερμόμετρο άμεσης ανάγνωσης για να βεβαιωθείτε ότι το μείγμα φτάνει τους 160°F κατά τη διάρκεια της περιόδου μαγειρέματος.

p) Αφαιρέστε από τη φωτιά και απλώστε το zabaglione πάνω από τα προετοιμασμένα φρούτα σας, γαρνίροντας με φρέσκα φύλλα μέντας.

q) Το Zabaglione σερβίρεται εξίσου νόστιμο πάνω από παγωτό ή μόνο του.

68. Αφόγκατο

Κάνει: 1

ΣΥΣΤΑΤΙΚΑ:
- 1 μεζούρα παγωτό βανίλια
- 1 σφηνάκι Espresso
- Ένα ψιλόβροχο σάλτσα σοκολάτας, προαιρετικά

ΟΔΗΓΙΕΣ:
a) Σε ένα ποτήρι βάζουμε μια μπάλα παγωτό βανίλια και 1 σφηνάκι εσπρέσο.
b) Σερβίρισμα!

69. Παγωτό με κανέλα βρώμης

Κάνει περίπου 1 λίτρο

ΣΥΣΤΑΤΙΚΑ:
- Κενή βάση παγωτού
- 1 φλιτζάνι βρώμη
- 1 κουταλιά της σούπας αλεσμένη κανέλα

ΟΔΗΓΙΕΣ:
a) Προετοιμάστε την κενή βάση σύμφωνα με τις οδηγίες.
b) Σε ένα μικρό τηγάνι σε μέτρια φωτιά, ανακατεύουμε τη βρώμη και την κανέλα. Τοστ, ανακατεύοντας τακτικά, για 10 λεπτά ή μέχρι να ροδίσουν και να αρωματίσουν.
c) Για να εμποτίσετε, προσθέστε τη φρυγανισμένη κανέλα και τη βρώμη στη βάση καθώς κατεβαίνουν από τη φωτιά και αφήστε τα να βράσουν για περίπου 30 λεπτά. Χρησιμοποιώντας ένα διχτυωτό σουρωτήρι πάνω από ένα μπολ. σουρώνετε τα στερεά, πιέζοντας τα μέσα για να βεβαιωθείτε ότι έχετε όσο το δυνατόν περισσότερη αρωματισμένη κρέμα. Μπορεί να βγει λίγος πολτός βρώμης, αλλά δεν πειράζει—είναι νόστιμο! Κρατήστε τα στερεά πλιγούρι βρώμης για τη συνταγή με πλιγούρι!
d) Θα χάσετε λίγο μείγμα στην απορρόφηση, επομένως οι δημιουργίες σε αυτό το παγωτό θα είναι ελαφρώς μικρότεροι από το συνηθισμένο.

e) Αποθηκεύστε το μείγμα στο ψυγείο σας όλη τη νύχτα. Όταν είστε έτοιμοι να φτιάξετε το παγωτό, ανακατέψτε το ξανά με ένα μπλέντερ μέχρι να γίνει λείο και κρεμώδες.
f) Αδειάζουμε σε παγωτομηχανή και παγώνουμε σύμφωνα με τις οδηγίες του κατασκευαστή. Αποθηκεύστε σε αεροστεγές δοχείο και καταψύξτε όλη τη νύχτα.

70. **Διπλή Σοκολάτα Τζελάτο**

Κάνει 4-6

ΣΥΣΤΑΤΙΚΑ:
- ½ φλιτζάνι παχύρρευστη κρέμα
- 2 φλιτζάνια γάλα
- ¾ φλιτζάνι ζάχαρη
- ¼ κουταλάκι του γλυκού αλάτι
- 7 ουγγιές μαύρη σοκολάτα υψηλής ποιότητας
- 1 κουταλάκι του γλυκού εκχύλισμα βανίλιας
- Βούτυρο καρύδας

ΟΔΗΓΙΕΣ:
a)   Το πρώτο βήμα γίνεται λιώνοντας τη σοκολάτα και μετά κρυώνουμε για λίγο. Σε ένα μπολ βάζουμε το γάλα, την κρέμα γάλακτος και το βούτυρο και τα ανακατεύουμε καλά μέχρι να ομογενοποιηθούν.
b)   Ανακατεύουμε τη ζάχαρη χρησιμοποιώντας ένα σύρμα και το αλάτι. Συνεχίζουμε το χτύπημα για περίπου 4 λεπτά μέχρι να διαλυθούν η ζάχαρη και το αλάτι. Στη συνέχεια ανακατέψτε το εκχύλισμα βανίλιας.
c)   Τέλος, ανακατεύουμε τη σοκολάτα μέχρι να ομογενοποιηθεί καλά. Ρίξτε τα υλικά στην παγωτομηχανή σας και αφήστε τη να αναδευτεί για 25 λεπτά.
d)   Βάλτε το gelato σε ένα αεροστεγές δοχείο και βάλτε το στην κατάψυξη για έως και 2 ώρες, μέχρι να το επιθυμήσετεd επιτυγχάνεται συνέπεια.

71. <u>Gelato Cherry-Strawberry</u>

Κάνει 4-6

ΣΥΣΤΑΤΙΚΑ:
- ½ φλιτζάνι παχύρρευστη κρέμα
- 2 φλιτζάνια γάλα
- ¾ φλιτζάνι ζάχαρη
- Βούτυρο καρύδας
- 1 φλιτζάνι φράουλες σε φέτες
- 1 κουταλιά της σούπας εκχύλισμα βανίλιας

ΟΔΗΓΙΕΣ:
a) Χρησιμοποιώντας ένα μπλέντερ, πολτοποιήστε καλά τη φράουλα. Σε ένα μπολ βάζουμε το γάλα, την κρέμα γάλακτος και το βούτυρο και τα ανακατεύουμε καλά μέχρι να ομογενοποιηθούν. Ανακατεύουμε τη ζάχαρη χρησιμοποιώντας ένα σύρμα.
b) Συνεχίζουμε το χτύπημα για περίπου 4 λεπτά μέχρι να διαλυθεί η ζάχαρη. Στη συνέχεια, ανακατέψτε το εκχύλισμα βανίλιας και τον πουρέ φράουλας.
c) Ρίξτε τα υλικά στην παγωτομηχανή σας και αφήστε τη να αναδευτεί για 25 λεπτά.
d) Βάλτε το gelato σε ένα αεροστεγές δοχείο και βάλτε το στην κατάψυξη για έως και 2 ώρες, μέχρι να επιτευχθεί η επιθυμητή συνοχή.

72. Βουτυρένια στράτα κρουασάν με προσούτο

Κάνει: 8

ΣΥΣΤΑΤΙΚΑ:
- 3 κουταλιές της σούπας αλατισμένο βούτυρο, κομμένο σε λεπτές φέτες, και επιπλέον για το άλειμμα
- 6 κρουασάν, χονδρικά κομμένα στα τρίτα
- 8 μεγάλα αυγά
- 3 φλιτζάνια πλήρες γάλα
- 1 κουταλιά της σούπας μουστάρδα Dijon
- 1 κουταλιά της σούπας φρέσκο φασκόμηλο ψιλοκομμένο
- ¼ κουταλάκι του γλυκού φρεσκοτριμμένο μοσχοκάρυδο
- Αλάτι Kosher και φρεσκοτριμμένο πιπέρι
- 12 ουγγιές κατεψυγμένο σπανάκι, αποψυγμένο και στυμμένο στεγνό
- 1 ½ φλιτζάνι τριμμένο τυρί Γκούντα
- 1 ½ φλιτζάνι τριμμένο τυρί Gruyère
- 3 ουγγιές προσούτο κομμένο σε λεπτές φέτες, σκισμένο

ΟΔΗΓΙΕΣ:

a) Προθερμάνετε το φούρνο στους 350°F. Λαδώνουμε ένα ταψί 9 × 13 ιντσών.

b) Τοποθετήστε τα κρουασάν στον πάτο του ταψιού και καλύψτε τα με το βούτυρο σε φέτες. Ψήστε μέχρι να ψηθεί ελαφρά, 5 με 8 λεπτά. Αφαιρέστε και αφήστε το να κρυώσει στο τηγάνι μέχρι να μην είναι πια ζεστό στην αφή, περίπου 10 λεπτά.

c) Σε ένα μεσαίο μπολ, χτυπήστε μαζί τα αυγά, το γάλα, τη μουστάρδα, το φασκόμηλο, το μοσχοκάρυδο και μια πρέζα αλάτι και πιπέρι. Προσθέστε το σπανάκι και ¾ φλιτζάνι από κάθε τυρί. Ρίξτε προσεκτικά το μείγμα πάνω από τα φρυγανισμένα κρουασάν, μοιράζοντάς το ομοιόμορφα. Περιχύνουμε με το υπόλοιπο τυρί και προσθέτουμε το προσούτο για να τελειώσει. Σκεπάζουμε και βάζουμε στο ψυγείο για τουλάχιστον 30 λεπτά ή όλη τη νύχτα.

d) Όταν είναι έτοιμη για ψήσιμο, αφαιρέστε τα στρώματα από το ψυγείο και προθερμάνετε το φούρνο στους 350°F.

e) Ψήνετε μέχρι να σταθεροποιηθεί το κέντρο της στρώσης, περίπου 45 λεπτά. Αν τα κρουασάν αρχίσουν να ροδίζουν πριν τελειώσουν το μαγείρεμα οι στρώσεις, σκεπάστε τα με αλουμινόχαρτο και συνεχίστε το ψήσιμο.

f) Βγάζουμε τα στρώματα από το φούρνο και τα αφήνουμε να κρυώσουν για 5 λεπτά πριν τα σερβίρουμε.

73. Τάρτα βαλσάμικο ροδάκινο και μπρι

Κάνει: 6

ΣΥΣΤΑΤΙΚΑ:
- 1 φύλλο σφολιάτας παγωμένη, ξεπαγωμένη
- ⅓ φλιτζάνι πέστο βασιλικού λεμονιού
- 1 (8 ουγκιές) τροχό τυρί Brie, φλούδα και κομμένο σε φέτες
- 2 ώριμα ροδάκινα, κομμένα σε λεπτές φέτες
- Εξτρα παρθένο ελαιόλαδο
- Αλάτι Kosher και φρεσκοτριμμένο πιπέρι
- 3 ουγγιές προσούτο κομμένο σε λεπτές φέτες, σκισμένο
- ¼ φλιτζάνι βαλσάμικο ξύδι
- 2 με 3 κουταλιές της σούπας μέλι
- Φύλλα φρέσκου βασιλικού, για το σερβίρισμα

ΟΔΗΓΙΕΣ:
a) Προθερμάνετε το φούρνο στους 425°F. Στρώνουμε ένα φύλλο ψησίματος με λαδόκολλα.
b) Τυλίξτε απαλά τη σφολιάτα σε μια καθαρή επιφάνεια εργασίας σε πάχος 1/8 ίντσας και μεταφέρετέ τη στο έτοιμο φύλλο ψησίματος. Τρυπήστε τη ζύμη παντού με ένα πιρούνι και, στη συνέχεια, απλώστε το πέστο ομοιόμορφα πάνω στη ζύμη, αφήνοντας ένα περίγραμμα ½ ίντσας.
c) Αραδιάζουμε το μπρι και τα ροδάκινα πάνω από το πέστο και περιχύνουμε ελαφρά με ελαιόλαδο. Αλατοπιπερώνουμε και από πάνω το προσούτο.
d) Πασπαλίζουμε τις άκρες της ζύμης με πιπέρι.
e) Ψήνουμε μέχρι να ροδίσει η ζύμη και να γίνει τραγανό το προσούτο, για 25 με 30 λεπτά.
f) Εν τω μεταξύ, σε ένα μικρό μπολ, χτυπήστε μαζί το ξύδι και το μέλι.
g) Βγάζουμε την τάρτα από το φούρνο, ρίχνουμε τα φύλλα βασιλικού και περιχύνουμε με το μείγμα μελιού. Κόβουμε σε κομμάτια και σερβίρουμε ζεστό.

74. Τάρτα με κρεμμύδι και προσούτο

Κάνει: 8 μερίδες

ΣΥΣΤΑΤΙΚΑ:
- ½ κιλό σφολιάτα
- 4 μεγάλα κρεμμύδια? ψιλοκομμένο
- 3 ουγγιές Προσούτο? σε κύβους
- ½ κουταλάκι του γλυκού Θυμάρι
- ½ κουταλάκι του γλυκού δεντρολίβανο
- 2 κουταλιές της σούπας ελαιόλαδο
- 12 μεγάλες μαύρες ελιές σε λάδι. κουκούτσια
- Φρεσκοτριμμένο μαύρο πιπέρι
- Αλάτι αν χρειάζεται
- 1 Αυγό

ΟΔΗΓΙΕΣ:
a) Μαγειρέψτε τα κρεμμύδια σε λάδι με μυρωδικά μέχρι τα κρεμμύδια να γίνουν διάφανα. Προσθέστε το προσούτο και μαγειρέψτε για 3 λεπτά. Αλατοπιπερώνουμε και αλατίζουμε. Ψύχρα.
b) Ανοίγουμε τη ζύμη σε παραλληλόγραμμο 11" επί 9. Κόβουμε 4 λωρίδες ζύμης για να φτιάξουμε τα περίγραμμα και τις πιέζουμε στις άκρες του ορθογωνίου.
c) Μεταφέρετε σε φύλλο μπισκότων και αλείψτε τις άκρες με χτυπημένο αυγό. Ψύξη ½ ώρα. Προθερμάνετε το φούρνο στους 425. Απλώστε το μείγμα κρεμμυδιών στην έτοιμη ζύμη. ψήνουμε 30 λεπτά.
d) Χαμηλώνουμε τη φωτιά στους 300, διακοσμούμε την τάρτα με ελιές κομμένες σε φέτες και συνεχίζουμε το ψήσιμο για άλλα 15 λεπτά.

75. <u>Προσούτο ντοματόψωμο ελιάς</u>

Κάνει: 1 μερίδα

ΣΥΣΤΑΤΙΚΑ:
- 1 λίβρα καρβέλι, 1 1/2 λίβρα καρβέλι
- 1 φλιτζάνι νερό
- 2 κουταλιές της σούπας φυτικό λάδι
- ⅓ φλιτζάνι ώριμη ντομάτα
- ⅓ φλιτζάνι ελιές, αλφόνς χωρίς κουκούτσι ή άλλες οινοπολυμερισμένες ελιές
- ⅓ φλιτζάνι προσούτο, τριμμένο
- 2 κουταλάκια του γλυκού ζάχαρη
- ½ κουταλάκι του γλυκού φασκόμηλο
- 1 κουταλάκι του γλυκού αλάτι
- ⅓ φλιτζάνι αλεύρι σίκαλης
- 1 ½ φλιτζάνι αλεύρι ολικής αλέσεως
- 1 ½ φλιτζάνι αλεύρι ψωμιού
- 1 ½ κουταλάκι του γλυκού μαγιά

ΟΔΗΓΙΕΣ:
a) Ψήστε σύμφωνα με τις οδηγίες του κατασκευαστή.

76. Ποπόβερ προσούτο-πορτοκάλι

Κάνει: 6 μερίδες

ΣΥΣΤΑΤΙΚΑ:

- 1 φλιτζάνι Αλεύρι
- ¼ κουταλάκι του γλυκού Αλάτι
- 1 φλιτζάνι Γάλα
- 2 αυγα; ελαφρώς χτυπημένα
- 1 κουταλιά της σούπας λιωμένη μαργαρίνη
- 2 φέτες Προσούτο? κομμένο από επιπλέον λίπος? ψιλοκομμένο
- 1 μεγάλο πορτοκάλι? ψιλοτριμμένη φλούδα από

ΟΔΗΓΙΕΣ:

a) Βάζουμε το ταψί στο φούρνο και προθερμαίνουμε στους 450 βαθμούς. Βγάζουμε το ταψί από το φούρνο μόλις ζεσταθεί.

b) Ανακατεύουμε μαζί το αλεύρι και το αλάτι. Χτυπάμε το γάλα, τα αυγά και τη λιωμένη μαργαρίνη μέχρι να ομογενοποιηθεί το μείγμα. Μην υπερνικήσετε. Προσθέστε το προσούτο και τη φλούδα πορτοκαλιού.

c) Ρίχνουμε τη ζύμη στο ζεστό ταψί και ψήνουμε στον προθερμασμένο φούρνο για 15 λεπτά. Δυναμώνουμε τη φωτιά στους 350 βαθμούς και συνεχίζουμε το ψήσιμο για 15-20 λεπτά, μέχρι να φουσκώσει και να ροδίσει. Ποτέ μην ανοίγετε την πόρτα του φούρνου κατά τη διάρκεια του χρόνου ψησίματος γιατί τα ποπόβερ θα ξεφουσκώσουν.

d) Βγάζετε από το φούρνο και περνάτε ένα μαχαίρι γύρω από κάθε popover.

e) Βγάζετε από το τηγάνι και τρυπάτε το καθένα με ένα μαχαίρι.

77. Γλασαρισμένο Προσούτο

ΣΥΣΤΑΤΙΚΑ:
- 3 κούπες ζάχαρη
- 1 1/2 φλιτζάνι Prosciutto di Parma φέτες, ψιλοκομμένες

ΟΔΗΓΙΕΣ:

a) Σε μια μεσαία κατσαρόλα λιώνουμε σιγά σιγά τη ζάχαρη, προσθέτουμε το προσούτο και ανακατεύουμε για 3 λεπτά.
b) Απλώνουμε το μείγμα σε ένα ταψί με κερί ή λαδόκολλα.
c) Αφήνουμε να κρυώσει και να σπάσει για να θρυμματιστεί.

78. Κέικ με μοτσαρέλα και προσούτο πατάτας

Κάνει: 6

ΣΥΣΤΑΤΙΚΑ:
- Κέικ με μοτσαρέλα και προσούτο πατάτας
- 1/2 φλιτζάνι (35 γρ.) φρέσκια τριμμένη φρυγανιά
- 900 γραμμάρια πατάτες καθαρισμένες
- 1/2 φλιτζάνι (125 ml) ζεστό γάλα
- 60 γραμμάρια βούτυρο, κομμένο σε κύβους
- 2/3 φλιτζανιού (50 γρ.) τριμμένη παρμεζάνα
- 2 αυγα
- 1 κρόκος αυγού
- 1 φλιτζάνι (100g) τριμμένη μοτσαρέλα
- 100 γραμμάρια προσούτο κομμένο σε κύβους
- μωρό πύραυλο, για να σερβίρεις

ΟΔΗΓΙΕΣ:
a) Προθερμαίνουμε το φούρνο σε πολύ ζεστό, στους 200°C (180°C με αέρα).
b) Αλείφουμε ένα ταψί ελατηρίου 20 εκ. με βούτυρο. πασπαλίζουμε τη βάση με το ένα τρίτο της τριμμένης φρυγανιάς.
c) Βράζετε τις πατάτες σε μια κατσαρόλα με αλατισμένο νερό που βράζει για 15 λεπτά, μέχρι να μαλακώσουν. Διοχετεύω; επιστρέφετε στο τηγάνι για 1 λεπτό, μέχρι να στεγνώσει.
d) Πολτοποιούμε τις πατάτες προσθέτοντας το γάλα και το μισό βούτυρο. Ανακατέψτε με παρμεζάνα, αυγό και κρόκο αυγού. εποχή.
e) Αλείφουμε το έτοιμο ταψί με το μισό μείγμα πατάτας. Καλύψτε με μοτσαρέλα και προσούτο. από πάνω με το υπόλοιπο μείγμα πατάτας. Κουκκίδα με το υπόλοιπο βούτυρο. πασπαλίζουμε με την υπόλοιπη φρυγανιά.
f) Ψήστε για 30 λεπτά, μέχρι να ροδίσουν και να ζεσταθούν. stand cake 10 λεπτά. Κόβουμε και σερβίρουμε με ρόκα.

79. Πανακότα Πράσινο Μπιζέλι με Προσούτο

Κάνει: 8-10 μερίδες

ΣΥΣΤΑΤΙΚΑ
ΠΡΑΣΙΝΟ ΜΠΙΖΕΛΙ PANNA COTTA:
- Μαγειρικό σπρέι canola ή άλλο ουδέτερο λάδι
- 1 κ.γ. νιφάδες άγαρ άγαρ
- 1 μικρό κοτσάνι σέλινου, κομμένο σε κύβους
- 2" κλωναράκι φρέσκο δεντρολίβανο
- 1 φύλλο δάφνης
- 1/2 κουτ. ολόκληρους κόκκους μαύρου πιπεριού
- 1/4 κουτ. ολόκληρα μούρα μπαχάρι
- 2 κλωναράκια ιταλικό μαϊντανό πλατύφυλλο
- Επιτραπέζιο αλάτι, για γεύση
- 2 φλιτζάνια αρακά
- 1/4 γ. κρέμα γάλακτος
- 2 κουταλιές της σούπας τυρί μπρι
- Πιπέρι καγιέν, για γεύση
- Πιπέρι, για γεύση
- Micro χόρτα ή χόρτα σέλινου, για γαρνίρισμα

ΤΣΑΠ ΠΡΟΣΟΥΤΟ:
- 4 λεπτές φέτες Prosciutto de Parma

ΠΡΑΣΙΝΟ ΜΠΙΖΕΛΙ PANNA COTTA:
a) Προθερμάνετε το φούρνο στους 400º F με μια σχάρα στο κέντρο. Στρώνουμε ένα φύλλο ψησίματος με αλουμινόχαρτο. Καλύψτε ελαφρά τα φλιτζάνια μιας φόρμας για μίνι μάφιν 12 φλιτζανιών με μαγειρικό σπρέι και αφήστε τα στην άκρη.

b) Συνδυάστε 1-3/4 φλιτζάνια νερό, άγαρ άγαρ, σέλινο, δεντρολίβανο, δάφνη, κόκκους πιπεριού, μπαχάρι, μαϊντανό και 1/4 κουταλάκι του γλυκού επιτραπέζιο αλάτι σε μια μικρή κατσαρόλα. Αφήνουμε να σιγοβράσει σε δυνατή φωτιά, ξύνοντας περιστασιακά τον πάτο του τηγανιού και μετά χαμηλώνουμε τη φωτιά στο χαμηλό. Συνεχίστε να ξύνετε τον πάτο του τηγανιού περιστασιακά, καθώς το άγαρ άγαρ αρέσει να καθιζάνει, μέχρι να φαίνεται διαλυμένο, περίπου 6-8 λεπτά.

c) Προσθέστε τον αρακά σε ένα μπλέντερ και πολτοποιήστε. Στραγγίστε το ζωμό άγαρ άγαρ μέσα από ένα σουρωτήρι με λεπτό πλέγμα στο μπλέντερ. Προσθέστε παχύρρευστη κρέμα, μπρι, μια πρέζα καγιέν και επιπλέον νερό για να αυξήσετε τον όγκο λίγο πάνω από 2 φλιτζάνια.

d) Ανακατεύουμε μέχρι να ομογενοποιηθούν, ξύνοντας τις πλευρές του μπλέντερ όσο χρειάζεται. Δοκιμάστε και προσαρμόστε το καρύκευμα με αλάτι, λευκό πιπέρι και επιπλέον καγιέν αν θέλετε, ανακατεύοντας για λίγο για να ενσωματωθεί πλήρως. Μοιράστε ομοιόμορφα το μείγμα στα 12 φλιτζάνια που έχετε ετοιμάσει για μάφιν.

e) Χτυπήστε το τηγάνι αρκετές φορές για να καθίσει και να βοηθήσετε στην απομάκρυνση τυχόν φυσαλίδων αέρα που μπορεί να έχουν σχηματιστεί. Αφήνουμε στην άκρη για περίπου μία ώρα για να δέσει το άγαρ άγαρ.

f) Την ώρα του σερβιρίσματος, περάστε ένα λεπτό μαχαίρι γύρω από την άκρη της πανακότα και στη συνέχεια βγάζετε το καθένα.

ΤΣΑΠ ΠΡΟΣΟΥΤΟ:

g) Προθερμάνετε το φούρνο στους 250° F.

h) Χρησιμοποιώντας ένα στρογγυλό κόφτη 1 ίντσας, κόψτε κύκλους από το προσούτο. Τοποθετούμε σε ταψί με λαδόκολλα και ψήνουμε για 10-15 λεπτά μέχρι να ροδίσουν. Κρατήστε για γαρνίρισμα.

ΣΥΝΕΛΕΥΣΗ:

i) Τοποθετούμε την πανακότα σε ένα ταψί.
j) Τοποθετούμε ένα δίσκο προσούτο πάνω στο αϊόλι.
k) Γαρνίρουμε με μικροπράσινα ή χόρτα σέλινου.

80. **Lime Gelato με σπόρους Chia**

ΣΥΣΤΑΤΙΚΑ:
- Τριμμένο ξύσμα και χυμό από 4 λάιμ
- ¾ φλιτζάνι ζάχαρη
- φλιτζάνια μισό-μισό
- μεγάλοι κρόκοι αυγών
- 1 ¼ φλιτζάνι κρέμα γάλακτος
- ⅔ φλιτζάνι σπόροι chia

ΟΔΗΓΙΕΣ:

a) Σε έναν επεξεργαστή τροφίμων, χτυπήστε το ξύσμα λάιμ και τη ζάχαρη περίπου 5 φορές για να βγάλετε τα λάδια από το ξύσμα. Μεταφέρετε τη ζάχαρη λάιμ σε ένα μπολ.

b) Γεμίστε εν μέρει ένα μεγάλο μπολ με πάγο και νερό, τοποθετήστε ένα μεσαίο μπολ στο παγωμένο νερό και βάλτε ένα σουρωτήρι με λεπτό πλέγμα στην κορυφή.

c) Σε μια κατσαρόλα ανακατεύουμε ½ φλιτζάνι ζάχαρη λάιμ και το μισό. Αφήνουμε να σιγοβράσει σε μέτρια φωτιά, ανακατεύοντας να διαλυθεί η ζάχαρη.

d) Εν τω μεταξύ, προσθέστε τους κρόκους των αυγών στην υπόλοιπη ζάχαρη λάιμ στο μπολ και χτυπήστε με το σύρμα να ενωθούν.

e) Ρίξτε σταδιακά περίπου το μισό από το ζεστό μισό μείγμα στους κρόκους ενώ ανακατεύετε συνεχώς και, στη συνέχεια, χτυπήστε αυτό το μείγμα στο μισό και μισό στην κατσαρόλα.

f) Μαγειρέψτε, ανακατεύοντας συνεχώς, μέχρι η κρέμα να γίνει αρκετά παχύρρευστη ώστε να καλύψει το πίσω μέρος του κουταλιού, περίπου 5 λεπτά.

g) Ρίξτε την κρέμα μέσα από το σουρωτήρι στο έτοιμο μπολ και ανακατέψτε μέχρι να κρυώσει.

h) Ανακατέψτε το χυμό λάιμ, την κρέμα και τους σπόρους chia. Αφαιρέστε το μπολ από το παγόλουτρο, καλύψτε και βάλτε το στο ψυγείο μέχρι να κρυώσει η κρέμα, τουλάχιστον 2 ώρες ή έως και 4 ώρες.

i) Καταψύξτε και ανακατέψτε σε παγωτομηχανή σύμφωνα με τις οδηγίες του κατασκευαστή. Για απαλή συνοχή, σερβίρετε το παγωτό αμέσως. για πιο σφιχτή υφή, το μεταφέρουμε σε ένα δοχείο, το σκεπάζουμε και το αφήνουμε στην κατάψυξη να σφίξει για 2 με 3 ώρες.

81. Πύλη παγωτού σοκολάτας και κεράσι

ΣΥΣΤΑΤΙΚΑ:

- 1 φλιτζάνι (2 ξυλάκια) ανάλατο βούτυρο
- 1 φλιτζάνι ζάχαρη λεπτή
- 1 κουτ. καθαρό εκχύλισμα βανίλιας
- 4 αυγά χτυπημένα
- 2 φλιτζάνια λιγότερο 1 γεμάτη κ.σ. αλεύρι για όλες τις χρήσεις
- 1 γεμάτη κ.σ. σκόνη κακάο χωρίς ζάχαρη
- 1 ½ κουτ. μπέικιν πάουντερ
- 4 φλιτζάνια κεράσια χωρίς κουκούτσι και ψιλοκομμένα
- ½ φλιτζάνι χυμό cranberry
- 3 κ.σ. ανοιχτή καστανή ζάχαρη
- ½ συνταγήπολυτελές gelato βανίλιας
- 1 φλιτζάνι κρέμα γάλακτος ελαφρά χτυπημένη
- λίγα κεράσια για επικάλυψη
- μπούκλες σοκολάτας

ΟΔΗΓΙΕΣ:

a) Προθερμάνετε το φούρνο στους 350°F (180°C). Λαδώνουμε ελαφρά μια βαθιά φόρμα για κέικ 7 ιντσών ή με χαλαρό πάτο. Χτυπάμε το βούτυρο, τη ζάχαρη και τη βανίλια μαζί μέχρι να ασπρίσουν και να γίνουν κρέμα.

b) Χτυπάμε απαλά τα μισά αυγά και μετά προσθέτουμε σταδιακά τα ξηρά υλικά, εναλλάξ με τα υπόλοιπα αυγά, μέχρι να αναμειχθούν καλά. Ρίξτε ένα κουτάλι στην προετοιμασμένη φόρμα του κέικ, ισιώστε την κορυφή και ψήστε για 35 έως 40 λεπτά μέχρι να σφίξει στην αφή.

c) Ψύξτε στο τηγάνι, στη συνέχεια αφαιρέστε, τυλίξτε με αλουμινόχαρτο και βάλτε το στο ψυγείο μέχρι να κρυώσει πολύ, για να κάνετε το κόψιμο πιο εύκολα.

d) Σε μια μικρή κατσαρόλα βάζουμε τα κεράσια με το χυμό των κράνμπερι και την καστανή ζάχαρη. Μαγειρέψτε σε μέτρια φωτιά μέχρι να μαλακώσει. Αφήνουμε στην άκρη να κρυώσει και μετά βάζουμε στο ψυγείο μέχρι να κρυώσει πολύ. Ετοιμάζουμε το gelato με βανίλια μέχρι να αποκτήσει μια υφή για κουταλιές.

e) Με ένα μακρύ μαχαίρι κόβουμε το κέικ σε τρεις ίσες στρώσεις. Τοποθετήστε μια στρώση στη φόρμα του κέικ 7 ιντσών και προσθέστε τα μισά κεράσια και το ένα τρίτο του χυμού τους. Καλύψτε με μια στρώση gelato, και στη συνέχεια τη δεύτερη στρώση κέικ. Προσθέστε τα υπόλοιπα κεράσια αλλά όχι όλο τον χυμό (χρησιμοποιήστε τον υπόλοιπο χυμό για να υγράνετε την κάτω πλευρά της τρίτης στρώσης κέικ).

f) Καλύπτουμε με το υπόλοιπο gelato και την τελευταία στρώση κέικ.

g) Πιέστε καλά, καλύψτε με πλαστική μεμβράνη και παγώστε όλη τη νύχτα. (Αν επιθυμείτε, το κέικ μπορεί να αποθηκευτεί στην κατάψυξη έως και 1 μήνα.)

82. Σοκολατένια βόμβα

ΣΥΣΤΑΤΙΚΑ:
- ½ συνταγή ζελατό πικρής σοκολάτας
- ½ φλιτζάνι σαντιγί
- 1 μικρό ασπράδι αυγού
- ⅛ φλιτζάνι λεπτή ζάχαρη
- 4 ουγκιές. φρέσκα σμέουρα, πολτοποιημένα και στραγγισμένα
- 1 συνταγή σάλτσα βατόμουρου

ΟΔΗΓΙΕΣ:

a) Στην κατάψυξη, παγώστε ένα καλούπι 3 ½ έως 4 φλιτζανιών για βόμβα ή ένα μεταλλικό μπολ. Ετοιμάζουμε το gelato. Όταν γίνει μια υφή που απλώνεται, βάλτε τη φόρμα σε ένα μπολ με πάγο. Στρώνουμε το εσωτερικό της φόρμας με gelato, φροντίζοντας να είναι ένα παχύ, ομοιόμορφο στρώμα. Λειάνετε την κορυφή. Βάλτε τη φόρμα αμέσως στην κατάψυξη και παγώστε μέχρι να σφίξει πραγματικά.

b) Εν τω μεταξύ, χτυπήστε την κρέμα γάλακτος μέχρι να σφίξει. Σε ένα ξεχωριστό μπολ, χτυπήστε ελαφρά το ασπράδι του αυγού μέχρι να σχηματίσει μαλακές κορυφές και μετά χτυπήστε απαλά τη ζάχαρη μέχρι να γυαλίσει και να σφίξει. Διπλώνουμε μαζί τη σαντιγί, το ασπράδι και τα στραγγισμένα σμέουρα και τα αφήνουμε να κρυώσουν. Όταν ο πάγος της σοκολάτας είναι πραγματικά σφιχτός, ρίξτε το μείγμα με το βατόμουρο στη μέση της μπόμπας.

c) Λειάνετε την κορυφή, σκεπάστε με κερωμένο χαρτί ή αλουμινόχαρτο και παγώστε για τουλάχιστον 2 ώρες.

d) Περίπου 20 λεπτά πριν το σερβίρετε, αφαιρέστε τη μπόμπα από την κατάψυξη, σπρώξτε ένα λεπτό σουβλάκι στη μέση για να απελευθερωθεί η ασφάλεια και περάστε ένα μαχαίρι γύρω από την εσωτερική επάνω άκρη. Αναποδογυρίστε σε ένα παγωμένο πιάτο και σκουπίστε για λίγο το τηγάνι με ένα ζεστό πανί. Πιέστε ή κουνήστε το τηγάνι μία ή δύο φορές για να δείτε εάν η βόμβα θα γλιστρήσει έξω. αν όχι, σκουπίστε ξανά με ένα ζεστό πανί. Όταν γλιστρήσει έξω, μπορεί να χρειαστεί να καθαρίσετε την επάνω επιφάνεια με ένα μικρό μαχαίρι παλέτας και στη συνέχεια να επιστρέψετε στην κατάψυξη αμέσως για τουλάχιστον 20 λεπτά για να σφίξει ξανά.

e) Σερβίρουμε, κομμένο σε φέτες, με τη σάλτσα βατόμουρου. Αυτή η μπόμπα θα διατηρηθεί για 3 με 4 εβδομάδες στο τηγάνι της στην κατάψυξη.

83. Αλάσκα ψημένη με ανανά

ΣΥΣΤΑΤΙΚΑ:

- 1 6 έως 8 oz. κομμάτι κέικ τζίντζερ αγορασμένο από το κατάστημα
- 6 φέτες ώριμο, ξεφλουδισμένο ανανά
- 3 φλιτζάνια tutti-frutti gelato, μαλακτικό
- 3 μεγάλα ασπράδια αυγών
- ¾ φλιτζάνι λεπτή ζάχαρη
- λίγα κομμάτια φρέσκου ανανά, για διακόσμηση

ΟΔΗΓΙΕΣ:

a) Κόψτε το κέικ σε 2 χοντρά κομμάτια και τοποθετήστε το σε τετράγωνο ή κύκλο σε ένα φύλλο επαναχρησιμοποιήσιμου ταψιού σε ένα ταψί, ώστε να μπορείτε να το μεταφέρετε εύκολα σε ένα ταψί αργότερα.

b) Κόψτε τις 6 φέτες ανανά σε τρίγωνα ή τέταρτα, πάνω από το κέικ για να πιάσουν τυχόν σταγόνες. Τακτοποιήστε τα κομμάτια του ανανά πάνω από το κέικ και στη συνέχεια με το gelato. Βάλτε αμέσως το τηγάνι στην κατάψυξη για να ξαναπαγώσει το gelato, αν έχει μαλακώσει πολύ.

c) Εν τω μεταξύ, χτυπήστε τα ασπράδια μέχρι να σφίξουν πολύ και μετά ανακατέψτε σταδιακά τη ζάχαρη μέχρι το μείγμα να γίνει σφιχτό και γυαλιστερό.

d) Απλώνουμε ομοιόμορφα το μείγμα της μαρέγκας σε όλο το gelato και επιστρέφουμε στην κατάψυξη. Αυτό μπορεί να καταψυχθεί για μερικές ημέρες, αν θέλετε.

e) Όταν είναι έτοιμο να σερβίρετε, θερμαίνετε το φούρνο στους 450°F (230°C). Βάλτε το ταψί στον ζεστό φούρνο για μόνο 5 με 7 λεπτά ή μέχρι να ροδίσει παντού.

f) Μεταφέρετε σε πιάτο σερβιρίσματος και σερβίρετε αμέσως, διακοσμημένο με λίγα κομμάτια φρέσκου ανανά.

84. Παπς παγωτό βουτηγμένο σε σοκολάτα

ΣΥΣΤΑΤΙΚΑ:

- 1 συνταγή πολυτελές gelato βανίλιας
- 1 συνταγή σάλτσα σοκολάτας
- ψιλοκομμένους ξηρούς καρπούς ή πασπαλίζουμε

ΟΔΗΓΙΕΣ:

a) Φτιάχνουμε το παγωτό σε μπάλες διαφόρων μεγεθών. Τοποθετήστε τα αμέσως σε κερωμένο χαρτί και ξαναπαγώστε τα πραγματικά καλά.
b) Ετοιμάζουμε τη σάλτσα σοκολάτας και μετά αφήνουμε σε δροσερό (όχι κρύο) μέρος μέχρι να κρυώσει αλλά να μην πήξει.
c) Καλύψτε πολλά ταψιά με κερωμένο χαρτί. Σπρώξτε ένα ξυλάκι από παγωτό στο κέντρο μιας μπάλας παγωτού και βουτήξτε το στη σοκολάτα για να καλυφθεί εντελώς. Κρατήστε το πάνω από το μπολ με τη σοκολάτα μέχρι να τελειώσει να στάζει και μετά τοποθετήστε το πάνω στο καθαρό κερωμένο χαρτί.
d) Πασπαλίζουμε με ξηρούς καρπούς ή χρωματιστά πασπαλίσματα αν θέλουμε. Βάλτε τα παγάκια στην κατάψυξη και αφήστε τα μέχρι να σφίξουν πολύ (αρκετές ώρες). Αν και θα διατηρηθούν για αρκετές εβδομάδες, ανάλογα με την ποικιλία του παγωτού που χρησιμοποιείται, είναι καλύτερα να τα φάτε το συντομότερο δυνατό.
e) Κάνει 6–8 (περισσότερο αν χρησιμοποιείτε πολύ μικρή σέσουλα)

85. **Φραπέ καπουτσίνο**

Κάνει: 6

ΣΥΣΤΑΤΙΚΑ:
- 4 κ.σ. λικέρ καφέ
- ½ ζελατό καφέ συνταγής
- 4 κ.σ. ρούμι
- ½ φλιτζάνι κρέμα γάλακτος, σαντιγί
- 1 κ.γ. σκόνη κακάο χωρίς ζάχαρη, κοσκινισμένο

ΟΔΗΓΙΕΣ:
a) Ρίξτε το λικέρ στη βάση 6 ποτηριών ή φλιτζανιών ανθεκτικά στην κατάψυξη και κρυώστε καλά ή παγώστε.

b) Ετοιμάζουμε το gelato σύμφωνα με τις οδηγίες μέχρι να παγώσει μερικώς. Στη συνέχεια, χτυπήστε το ρούμι με ένα ηλεκτρικό μίξερ μέχρι να αφρατέψει, απλώστε αμέσως με κουτάλι το παγωμένο λικέρ και παγώστε ξανά μέχρι να σφίξει αλλά όχι να σφίξει.

c) Περάστε τη σαντιγί πάνω από το gelato.

d) Πασπαλίζουμε γενναιόδωρα με σκόνη κακάο και επιστρέφουμε στην κατάψυξη για λίγα λεπτά μέχρι να είμαστε απολύτως έτοιμοι για σερβίρισμα.

86. **Σύκα ποσέ σε μπαχαρικό κόκκινο κρασί με gelato**

Φτιάχνει: 2 μερίδες

ΣΥΣΤΑΤΙΚΑ:
- 1 ½ φλιτζάνι κόκκινο ξηρό κρασί
- 1 κουταλιά της σούπας Ζάχαρη (1-2T), για γεύση
- 1 ξυλάκι κανέλας
- 3 ολόκληρα γαρίφαλα
- 3 ολόκληρα φρέσκα σύκα, κομμένα στα τέσσερα
- Ζελατό βανίλιας ως συνοδευτικό
- Αν θέλετε κλωναράκια μέντας για γαρνίρισμα

ΟΔΗΓΙΕΣ:
a) Σε μια κατσαρόλα ανακατεύουμε το κρασί, τη ζάχαρη, την κανέλα και το γαρύφαλλο.
b) Φέρτε το υγρό σε βράση σε μέτρια δυνατή φωτιά, ανακατεύοντας και σιγοβράστε το μείγμα για 5 λεπτά. Προσθέτουμε τα σύκα και σιγοβράζουμε μέχρι να ζεσταθούν τα σύκα. Αφήνουμε να κρυώσει για να ζεσταθεί.
c) Τοποθετήστε μεζούρες gelato σε δύο ποτήρια με κοτσάνι και προσθέστε από πάνω τα σύκα και λίγο από το υγρό λαθροθηρίας. Γαρνίρουμε με δυόσμο αν θέλουμε.

87. Τούρτα με ζελατίνα με μαρέγκα Pina colada

Κάνει: 6 μερίδες

ΣΥΣΤΑΤΙΚΑ:
- ½ φλιτζάνι αφυδατωμένος ανανάς
- 20 γρ μαύρη σοκολάτα (70%)
- 100 γρ μαρέγκα έτοιμη
- 1 ¼ φλιτζάνι κρέμα γάλακτος
- 2-4 κουταλιές της σούπας ρούμι καρύδας Malibu
- Φρέσκια μέντα ή φρυγανισμένη ξυρισμένη καρύδα, για γαρνίρισμα

ΟΔΗΓΙΕΣ:

a) Στρώστε μια φόρμα για καρβέλι 13 x 23 εκ. με πλαστική μεμβράνη. Βεβαιωθείτε ότι έχετε αφήσει αρκετά εκατοστά πλαστικού να προεξέχουν από τις πλευρές.

b) Ψιλοκόψτε τον ανανά έτσι ώστε κανένα κομμάτι να μην είναι μεγαλύτερο από μια σταφίδα. Κάντε το ίδιο με τη σοκολάτα.

c) Χτυπάμε τη μαρέγκα σε κράμπλ. Προσπαθήστε να το κάνετε γρήγορα γιατί η μαρέγκα θα μαζέψει υγρασία από τον αέρα και θα γίνει κολλώδης.

d) Σε ένα μεγάλο μπολ, χτυπήστε την παχύρρευστη κρέμα γάλακτος μέχρι να γίνει μαλακή. Προσθέστε το Malibu και μετά χτυπήστε ξανά για μερικά δευτερόλεπτα μέχρι να επιστρέψουν οι μαλακές κορυφές.

e) Προσθέστε τον ανανά και τη σοκολάτα στο μπολ και διπλώστε τα απαλά στην κρέμα. Προσθέστε τη μαρέγκα, και ξαναδιπλώστε απαλά. Ρίξτε τα πάντα στη φόρμα του καρβελιού και δώστε του μερικά απαλά χτυπήματα στον πάγκο, ώστε το περιεχόμενο να καθίσει και να διανεμηθεί. Διπλώστε το πλαστικό που κρέμεται πάνω από το κέικ και, στη συνέχεια, τυλίξτε τη φόρμα σε ένα άλλο στρώμα πλαστικής μεμβράνης. Βάλτε το κέικ στην κατάψυξη όλη τη νύχτα.

f) Για να σερβίρετε, χρησιμοποιήστε το προεξέχον πλαστικό για να τραβήξετε το κέικ από τη φόρμα. Κόβουμε σε φέτες και ρίχνουμε από πάνω κλαράκια μέντας ή καλύτερα πασπαλίζουμε ψημένη ξυρισμένη καρύδα. Είναι ένα απαλό κέικ κρέμας, οπότε καταβροχθίστε αμέσως.

88. Κέικ Gelato μαρέγκας φράουλας

Κάνει: 8 μερίδες

ΣΥΣΤΑΤΙΚΑ:
- Ιταλική μαρέγκα
- 4 φρέσκα ασπράδια αυγών
- 1 ½ φλιτζάνι λευκή ζάχαρη
- ¼ φλιτζάνι νερό
- 1 κουταλιά της σούπας υγρή γλυκόζη ή ελαφρύ σιρόπι καλαμποκιού
- φράουλες
- 3 φλιτζάνια φράουλες, πλυμένες, στεγνωμένες και ξεφλουδισμένες
- 1 κουταλιά της σούπας άχνη/ζάχαρη ζαχαροπλαστικής
- 1 κουταλιά της σούπας λευκή ζάχαρη
- κρέμα
- ¾ φλιτζάνι κρέμα διπλή/βαριά

ΟΔΗΓΙΕΣ:
a) Για να φτιάξετε την ιταλική μαρέγκα, βάζετε τη ζάχαρη, το νερό και το σιρόπι γλυκόζης/καλαμποκιού σε μια μέτρια μεγάλη κατσαρόλα. Βάλτε τα αυγά στο (σχολαστικά καθαρό) μπολ του μίξερ.
b) Ρυθμίστε τη φωτιά κάτω από την κατσαρόλα σε μέτρια υψηλή, βάλτε το μείγμα ζάχαρης σε βράση, περιστρέφοντας την κατσαρόλα για να μετακινήσετε τη ζάχαρη μόλις διαλυθεί.
c) Χρησιμοποιήστε ένα θερμόμετρο ζάχαρης για να ελέγξετε τη θερμοκρασία του σιροπιού που βράζει. Προσοχή με τη ζεστή ζάχαρη! Όταν η θερμοκρασία φτάσει τους 100 C, ξεκινήστε το χτύπημα στο μίξερ σταντ μέχρι ψηλά.
d) Όταν η ζάχαρη φτάσει στους 116 C (ή το στάδιο της 'μαλακής μπάλας'), κατεβάζετε το σιρόπι από τη φωτιά και ρίχνετε σιγά σιγά στα αφράτα ασπράδια, κρατώντας το μίξερ σε μέτρια δυνατή ταχύτητα.

e) Μόλις χυθεί όλο το σιρόπι, χαμηλώστε την ταχύτητα στο χαμηλό και αφήστε το να ανακατευτεί μέχρι να κρυώσουν τα ασπράδια, αυτό μπορεί να διαρκέσει έως και τριάντα λεπτά.

f) Όσο συμβαίνει αυτό, πάρτε τις μισές από τις φράουλες και τη ζάχαρη του ζαχαροπλάστη και χτυπήστε τα σε έναν επεξεργαστή τροφίμων μέχρι να ομογενοποιηθούν. Τις περνάμε από ένα σουρωτήρι για να φύγουν τυχόν σπόροι και τις διατηρούμε στο ψυγείο.

g) Παίρνετε τις άλλες μισές φράουλες και τις κόβετε σε φέτες. Κρατήστε τις ωραιότερες φέτες για να διακοσμήσετε το κέικ σας, προσθέστε τη λευκή ζάχαρη στις υπόλοιπες και αφήστε τις να μαλακώσουν.

h) Βάλτε την κρέμα γάλακτος σε ένα μεγάλο μπολ και χτυπήστε την μέχρι την υφή του μαλακού παγωτού (σκεφτείτε τα ζαχαρωτά ή τον Mr Whippy, στο Ηνωμένο Βασίλειο)

i) Πάρτε μια φόρμα για φραντζόλα που χωρά τουλάχιστον έξι φλιτζάνια, μπορεί να χρειαστείτε ένα άλλο δοχείο καθώς αυτό το μείγμα μπορεί να κάνει έως και δέκα φλιτζάνια αξίζει...βρέξτε το με λίγο νερό, τινάξτε την περίσσεια και στρώστε το με πλαστική μεμβράνη.

j) Τοποθετήστε τις δεσμευμένες φέτες φράουλας με μοτίβο στον πάτο της στρωμένης φόρμας φραντζολών σας.

k) Παίρνετε την κρέμα και τη ρίχνετε με κουτάλι στη μαρέγκα, μαζί με τον πουρέ φράουλας και τις φράουλες κομμένες σε φέτες. Τα διπλώνουμε όλα μαζί απαλά με ένα κουτάλι φαγητού, μέχρι να κυματίσει.

l) Ρίξτε το μείγμα με το κουτάλι στην προετοιμασμένη φόρμα, μπορείτε να προσθέσετε οποιοδήποτε επιπλέον κουτάλι σε άλλο δοχείο με επένδυση. Το πάνω μέρος, εάν το κύριο κέικ, μπορεί να λειανθεί με μια σπάτουλα που σύρεται κατά μήκος του, μάλλον όπως ένας κτίστης λειαίνει το τσιμέντο σε έναν τοίχο από τούβλα. Κάνετε αυτό πάνω από το άλλο δοχείο για να πιάσει το περιττό μείγμα.

m) Σκεπάζουμε με πλαστική μεμβράνη και παγώνουμε μέχρι να δέσει. Αυτό θα διαρκέσει τουλάχιστον 7-8 ώρες, αλλά μπορεί να αφεθεί όλη τη νύχτα για να σφίξει πλήρως.

n) Βγάλτε από την κατάψυξη 10 λεπτά πριν το σερβίρετε, τραβήξτε την πλαστική μεμβράνη, γυρίστε σε ένα πιάτο σερβιρίσματος, αφαιρέστε την πλαστική μεμβράνη και χρησιμοποιήστε ένα μαχαίρι ψωμιού εμποτισμένο σε ζεστό νερό για να κόψετε φέτες.

89. Toblerone Gelato

ΣΥΣΤΑΤΙΚΑ:
- 24 ουγγιές πλήρες γάλα
- 2,7 ουγκιές καστανή ζάχαρη
- 3 κουταλιές της σούπας άμυλο καλαμποκιού
- 2 κουταλιές της σούπας κακάο σε σκόνη
- 1 ½ κουταλιά της σούπας μέλι
- ¾ κουταλάκι του γλυκού αλάτι kosher
- 2 ουγγιές μαλακωμένο τυρί κρέμα
- Τρεις μπάρες 3,5 ουγκιών σκούρο Toblerone, κομμένο σε μικρά κομμάτια
- 1 κουταλιά της σούπας βανίλια
- 1 ½ κουταλάκι του γλυκού Amaretto
- 1 μπάρα Toblerone, κομμένη σε μικρά κομμάτια

ΟΔΗΓΙΕΣ:

a) Σε μια κατσαρόλα με βαρύ πάτο, χτυπήστε μαζί το γάλα, τη ζάχαρη, το άμυλο καλαμποκιού, τη σκόνη κακάο, το μέλι και το αλάτι. Ζεσταίνουμε σε μέτρια προς μέτρια προς δυνατή φωτιά, ανακατεύοντας συνεχώς, μέχρι το μείγμα να πάρει μια βράση.

b) Αφήνουμε τη βάση να βράσει για 10-15 δευτερόλεπτα και μετά ρίχνουμε σε ένα μπολ με το τυρί κρέμα και 3 μπάρες ψιλοκομμένο Toblerone. Προσθέστε τη βανίλια και το αμαρέτο, και αφήστε το για ένα λεπτό να λιώσει το τυρί και η σοκολάτα.

c) Χτυπάμε τη βάση μέχρι να λιώσουν η σοκολάτα και το τυρί. Η βάση θα έχει μέσα μικροσκοπικά κομμάτια αμύγδαλου.

d) Ρίξτε τη βάση στο μπλέντερ σας και ανακατέψτε μέχρι να ομογενοποιηθεί.

e) Στραγγίστε τη βάση σε ένα μεταλλικό μπολ που τοποθετείται μέσα σε ένα μεγαλύτερο μπολ γεμάτο με παγωμένο νερό.

f) Ανακατεύετε περιστασιακά μέχρι η θερμοκρασία να μην είναι μεγαλύτερη από 40 F.

g) Αναδεύστε τη βάση σας σύμφωνα με τις ΟΔΗΓΙΕΣ του κατασκευαστή:. Όταν το παγωτό είναι μαλακό, σερβίρετε. Προσθέστε την τελευταία πλάκα ψιλοκομμένης σοκολάτας και ανακατέψτε άλλα 2 λεπτά μέχρι να κατανεμηθεί ομοιόμορφα η καραμέλα.

h) Συσκευάστε σε ένα δοχείο. Πιέστε την πλαστική μεμβράνη απευθείας στην επιφάνεια του παγωτού και παγώστε 4-6 ώρες ή όλη τη νύχτα.

90. Σοκολάτα Nutella Gelato

Φτιάχνει: 3 μερίδες

ΣΥΣΤΑΤΙΚΑ:
- ⅓ φλιτζάνι παχύρρευστη κρέμα
- 1 ⅓ φλιτζάνια γάλα 2%.
- ½ φλιτζάνι κρυσταλλική ζάχαρη
- 2 κουταλιές της σούπας Nutella
- 2-3 κουταλιές της σούπας μίνι τσιπς μαύρης σοκολάτας

ΟΔΗΓΙΕΣ:
a) Σε ένα μεσαίο προς μεγάλο μπολ, προσθέστε την κρέμα γάλακτος, το γάλα και τη ζάχαρη, χτυπήστε σε μέτρια ταχύτητα για 20 δευτερόλεπτα και μετά αδειάστε το στην παγωτομηχανή σας.

b) Όταν το gelato είναι σχεδόν έτοιμο, προσθέστε Nutella και κομματάκια σοκολάτας, συνεχίστε με την παγωτομηχανή μέχρι να αποκτήσετε την επιθυμητή κρέμα.

91. Τζελάτο κερασιών

Κάνει: 1

ΣΥΣΤΑΤΙΚΑ:
- 2 φλιτζάνια πλήρες γάλα
- 5 κρόκοι αυγών
- 1 φλιτζάνι ζάχαρη
- 1 φλιτζάνι παχύρρευστη κρέμα
- 1 κουταλάκι του γλυκού βανίλια
- 2 κουταλάκια του γλυκού τριμμένο πορτοκάλι
- 1 κιλό κεράσια χωρίς κουκούτσι

ΟΔΗΓΙΕΣ:
a) Χτυπάμε τους κρόκους των αυγών και τη ζάχαρη σε μέτρια κατσαρόλα μέχρι να λιώσει η ζάχαρη. Προσθέτουμε το γάλα, το τριμμένο πορτοκάλι και την κρέμα γάλακτος και χτυπάμε μέχρι να ενωθούν.
b) Μαγειρέψτε σε μέτρια φωτιά, ανακατεύοντας συνεχώς για 8 – 10 λεπτά μέχρι να πήξει.
c) Αποσύρουμε από τη φωτιά.
d) Προσθέστε τα κεράσια και ανακατέψτε καλά σε έναν επεξεργαστή τροφίμων. Ανακατεύουμε τα κεράσια και τη βανίλια. Ρίξτε μέσα από ένα λεπτό σουρωτήρι σε ένα πλαστικό μπολ. Σκεπάζουμε και βάζουμε στο ψυγείο όλη τη νύχτα.
e) Βάλτε το μείγμα σε παγωτομηχανή ακολουθώντας τις οδηγίες του κατασκευαστή.
f) Καταψύξτε μέχρι να είναι έτοιμο για σερβίρισμα.

92. Blackberry Gelato

Κάνει: 1

ΣΥΣΤΑΤΙΚΑ:
- 2 φλιτζάνια πλήρες γάλα
- 4 κρόκοι αυγών
- 1 φλιτζάνι ζάχαρη
- ½ φλιτζάνι παχύρρευστη κρέμα
- ½ κουταλάκι του γλυκού αλάτι
- 2 φλιτζάνια βατόμουρα

ΟΔΗΓΙΕΣ:
a) Βάλτε τα βατόμουρα μέσα από ένα κόσκινο με λεπτό πλέγμα που τοποθετείται πάνω από ένα μπολ ανάμειξης. Χρησιμοποιήστε το πίσω μέρος ενός κουταλιού για να σπρώξετε τον πολτό μέσα από το κόσκινο για να αφαιρέσετε τον χυμό και τον πολτό χωρίς να χρησιμοποιήσετε κανέναν από τους σπόρους. Αφήνω στην άκρη.
b) Χτυπάμε τους κρόκους των αυγών και τη ζάχαρη σε μια μέτρια κατσαρόλα και ζεσταίνουμε μέχρι να διαλυθεί η ζάχαρη. Προσθέστε το γάλα, το αλάτι και την κρέμα γάλακτος και χτυπήστε μέχρι να ενωθούν.
c) Μαγειρέψτε σε μέτρια φωτιά, ανακατεύοντας συνεχώς για 8 – 10 λεπτά μέχρι να πήξει.
d) Αποσύρουμε από τη φωτιά.
e) Προσθέστε το χυμό και τον πολτό βατόμουρου. Ρίξτε μέσα από ένα λεπτό σουρωτήρι σε ένα πλαστικό μπολ. Σκεπάζουμε και βάζουμε στο ψυγείο όλη τη νύχτα.
f) Βάλτε το μείγμα σε παγωτομηχανή ακολουθώντας τις οδηγίες του κατασκευαστή.
g) Καταψύξτε μέχρι να είναι έτοιμο για σερβίρισμα.

93. Ζελατάκι με βατόμουρο

Κάνει: 1

ΣΥΣΤΑΤΙΚΑ:
- 2 φλιτζάνια πλήρες γάλα
- 4 κρόκοι αυγών
- 1 ¼ φλιτζάνι ζάχαρη
- 1 φλιτζάνι παχύρρευστη κρέμα
- 1 κουταλάκι του γλυκού αλάτι
- 2 φλιτζάνια σμέουρα

ΟΔΗΓΙΕΣ:
a) Βάλτε τα σμέουρα μέσα από ένα κόσκινο (κατά προτίμηση διχτυωτό) τοποθετημένο πάνω από ένα μπολ ανάμειξης. Στη συνέχεια, περάστε τον πολτό μέσα από ένα σουρωτήρι για να αφαιρέσετε τον χυμό παίρνοντας το πίσω μέρος ενός κουταλιού και πιέζοντας προς τα κάτω. Αυτό θα αφήσει τον πολτό χωρίς να χρησιμοποιήσετε κανέναν από τους σπόρους. Αφήνω στην άκρη.
b) Σε μια μέτρια κατσαρόλα, ανακατεύουμε μόνο τους κρόκους των αυγών και τη ζάχαρη χτυπώντας τους και λιώνουμε τη ζάχαρη μέχρι να διαλυθεί καλά. Προσθέστε το γάλα, το αλάτι και την κρέμα γάλακτος και χτυπήστε μέχρι να ενωθούν.
c) Μαγειρέψτε σε μέτρια φωτιά, ανακατεύοντας συνεχώς για 8 – 10 λεπτά μέχρι να πήξει.
d) Αποσύρουμε από τη φωτιά.
e) Προσθέστε το χυμό και τον πολτό βατόμουρου. Ρίξτε μέσα από ένα λεπτό σουρωτήρι σε ένα πλαστικό μπολ. Σκεπάζουμε και βάζουμε στο ψυγείο όλη τη νύχτα.
f) Βάλτε το μείγμα σε παγωτομηχανή ακολουθώντας τις οδηγίες του κατασκευαστή.
g) Καταψύξτε μέχρι να είναι έτοιμο για σερβίρισμα.

94. Gelato με βατόμουρο

Κάνει: 1

ΣΥΣΤΑΤΙΚΑ:
- 2 φλιτζάνια πλήρες γάλα
- 5 κρόκοι αυγών
- 1 φλιτζάνι ζάχαρη
- ½ φλιτζάνι παχύρρευστη κρέμα
- 1 κουταλάκι του γλυκού αλάτι
- 2 φλιτζάνια βατόμουρα
- 1 ½ κουταλάκι του γλυκού χυμό λεμονιού

ΟΔΗΓΙΕΣ:
a) Χτυπάμε τους κρόκους των αυγών και τη ζάχαρη σε μια μέτρια κατσαρόλα και ζεσταίνουμε μέχρι να διαλυθεί η ζάχαρη. Προσθέστε το γάλα, το αλάτι και την κρέμα γάλακτος και χτυπήστε μέχρι να ενωθούν.
b) Μαγειρέψτε σε μέτρια φωτιά, ανακατεύοντας συνεχώς για 8 – 10 λεπτά μέχρι να πήξει.
c) Αποσύρουμε από τη φωτιά.
d) Τοποθετήστε τα βατόμουρα και το χυμό λεμονιού στον επεξεργαστή τροφίμων και επεξεργαστείτε μέχρι να ομογενοποιηθούν. Ανακατέψτε το μείγμα λεμονιού βατόμουρου στο υγρό. Ρίξτε μέσα από ένα λεπτό σουρωτήρι σε ένα πλαστικό μπολ. Σκεπάζουμε και βάζουμε στο ψυγείο όλη τη νύχτα.
e) Βάλτε το μείγμα σε παγωτομηχανή ακολουθώντας τις οδηγίες του κατασκευαστή.
f) Καταψύξτε μέχρι να είναι έτοιμο για σερβίρισμα.

95. Mango Gelato

Κάνει: 1

ΣΥΣΤΑΤΙΚΑ:
- 2 φλιτζάνια πλήρες γάλα
- 4 κρόκοι αυγών
- 1 φλιτζάνι ζάχαρη
- 1 φλιτζάνι παχύρρευστη κρέμα
- 1 κουταλάκι του γλυκού αλάτι
- 2 φλιτζάνια πουρέ μάνγκο
- 1 ½ κουταλιά της σούπας άμυλο καλαμποκιού

ΟΔΗΓΙΕΣ:
a) Χτυπάμε τους κρόκους των αυγών και τη ζάχαρη σε μια μέτρια κατσαρόλα και ζεσταίνουμε μέχρι να διαλυθεί η ζάχαρη. Προσθέστε το γάλα, το αλάτι και την κρέμα γάλακτος και χτυπήστε μέχρι να ενωθούν.
b) Μαγειρέψτε σε μέτρια φωτιά, ανακατεύοντας συνεχώς για 8 – 10 λεπτά μέχρι να πήξει.
c) Αποσύρουμε από τη φωτιά.
d) Τοποθετήστε τα μάνγκο και το καλαμποκάλευρο στον επεξεργαστή τροφίμων και τα επεξεργαστείτε μέχρι να ομογενοποιηθούν. Ανακατέψτε το μείγμα μάνγκο στο υγρό. Ρίξτε μέσα από ένα λεπτό σουρωτήρι σε ένα πλαστικό μπολ. Σκεπάζουμε και βάζουμε στο ψυγείο όλη τη νύχτα.
e) Βάλτε το μείγμα σε παγωτομηχανή ακολουθώντας τις οδηγίες του κατασκευαστή.
f) Καταψύξτε μέχρι να είναι έτοιμο για σερβίρισμα.

96. Gelato με φυστικοβούτυρο

Κάνει: 1

ΣΥΣΤΑΤΙΚΑ:
- 2 φλιτζάνια πλήρες γάλα
- 5 κρόκοι αυγών
- ⅔ φλιτζάνι ζάχαρη
- 1 ½ φλιτζάνι παχύρρευστη κρέμα
- 1 κουταλάκι του γλυκού αλάτι
- 1 κουταλάκι του γλυκού βανίλια
- ⅔ φλιτζάνι φυστικοβούτυρο

:
ΟΔΗΓΙΕΣ:
a) Χτυπάμε τους κρόκους των αυγών και τη ζάχαρη σε μια μέτρια κατσαρόλα και ζεσταίνουμε μέχρι να διαλυθεί η ζάχαρη. Προσθέστε το γάλα, το αλάτι και την κρέμα γάλακτος και χτυπήστε μέχρι να ενωθούν.
b) Μαγειρέψτε σε μέτρια φωτιά, ανακατεύοντας συνεχώς για 8 – 10 λεπτά μέχρι να πήξει.
c) Αποσύρουμε από τη φωτιά.
d) Ανακατέψτε το φυστικοβούτυρο και τη βανίλια στο υγρό. Ρίξτε μέσα από ένα λεπτό σουρωτήρι σε ένα πλαστικό μπολ. Σκεπάζουμε και βάζουμε στο ψυγείο όλη τη νύχτα.
e) Βάλτε το μείγμα σε παγωτομηχανή ακολουθώντας τις ΟΔΗΓΙΕΣ του κατασκευαστή:.
f) Καταψύξτε μέχρι να είναι έτοιμο για σερβίρισμα.

97. Gelato με φουντούκι

Κάνει: 1

ΣΥΣΤΑΤΙΚΑ:
- 2 φλιτζάνια πλήρες γάλα
- 5 κρόκοι αυγών
- ⅓ φλιτζάνι ζάχαρη
- 1 ½ φλιτζάνι παχύρρευστη κρέμα
- 1 κουταλάκι του γλυκού αλάτι
- 1 κουταλάκι του γλυκού βανίλια
- 1 φλιτζάνι ψητά φουντούκια

ΟΔΗΓΙΕΣ:
a) Χτυπάμε τους κρόκους των αυγών και τη ζάχαρη σε μια μέτρια κατσαρόλα και ζεσταίνουμε μέχρι να διαλυθεί η ζάχαρη. Προσθέστε το γάλα, το αλάτι και την κρέμα γάλακτος και χτυπήστε μέχρι να ενωθούν.
b) Μαγειρέψτε σε μέτρια φωτιά, ανακατεύοντας συνεχώς για 8 – 10 λεπτά μέχρι να πήξει.
c) Αποσύρουμε από τη φωτιά.
d) Βάλτε τα καβουρδισμένα φουντούκια σε έναν επεξεργαστή τροφίμων και πολτοποιήστε. Ανακατεύουμε το φουντούκι και τη βανίλια στο υγρό. Ρίξτε μέσα από ένα λεπτό σουρωτήρι σε ένα πλαστικό μπολ. Σκεπάζουμε και βάζουμε στο ψυγείο όλη τη νύχτα.
e) Βάλτε το μείγμα σε παγωτομηχανή ακολουθώντας τις οδηγίες του κατασκευαστή.
f) Καταψύξτε μέχρι να είναι έτοιμο για σερβίρισμα.

98. Μικτό Gelato Berry

Κάνει: 1

ΣΥΣΤΑΤΙΚΑ:
- 2 φλιτζάνια πλήρες γάλα
- 4 κρόκοι αυγών
- ½ φλιτζάνι ζάχαρη
- 1 φλιτζάνι παχύρρευστη κρέμα
- 1 κουταλάκι του γλυκού αλάτι
- 1 κουταλάκι του γλυκού βανίλια
- ½ φλιτζάνι βατόμουρα
- ½ φλιτζάνι σμέουρα

ΟΔΗΓΙΕΣ:
a) Βάλτε τα σμέουρα μέσα από ένα κόσκινο (κατά προτίμηση διχτυωτό) τοποθετημένο πάνω από ένα μπολ ανάμειξης. Χρησιμοποιήστε το πίσω μέρος ενός κουταλιού για να σπρώξετε τον πολτό μέσα από το κόσκινο για να αφαιρέσετε τον χυμό και τον πολτό χωρίς να χρησιμοποιήσετε κανέναν από τους σπόρους. Αφήνω στην άκρη.
b) 2 Χτυπάμε τους κρόκους των αυγών και τη ζάχαρη σε μια μέτρια κατσαρόλα και ζεσταίνουμε μέχρι να διαλυθεί η ζάχαρη. Προσθέστε το γάλα, το αλάτι και την κρέμα γάλακτος και χτυπήστε μέχρι να ενωθούν.
c) Μαγειρέψτε σε μέτρια φωτιά, ανακατεύοντας συνεχώς για 8 – 10 λεπτά μέχρι να πήξει.
d) Αποσύρουμε από τη φωτιά.
e) Βάλτε τη βανίλια, τα βατόμουρα και το χυμό και τον πολτό βατόμουρου σε έναν επεξεργαστή τροφίμων και χτυπήστε τα μέχρι να ενωθούν. Ανακατέψτε το μείγμα μούρων και βανίλιας στο υγρό. Ρίξτε μέσα από ένα λεπτό σουρωτήρι σε ένα πλαστικό μπολ. Σκεπάζουμε και βάζουμε στο ψυγείο όλη τη νύχτα.
f) Βάλτε το μείγμα σε παγωτομηχανή ακολουθώντας τις ΟΔΗΓΙΕΣ του κατασκευαστή:.
g) Καταψύξτε μέχρι να είναι έτοιμο για σερβίρισμα.

99. Gelato καρύδας

Κάνει: 1

ΣΥΣΤΑΤΙΚΑ:

- 5 κρόκοι αυγών
- 2 φλιτζάνια γάλα καρύδας
- 1 φλιτζάνι ζάχαρη
- 1 φλιτζάνι παχύρρευστη κρέμα
- 1 κουταλάκι του γλυκού αλάτι
- 1 κουταλάκι του γλυκού βανίλια
- νερό καρύδας από μια φρέσκια καρύδα
- ½ φλιτζάνι τριμμένη ζαχαρούχα καρύδα

ΟΔΗΓΙΕΣ:

a) Χτυπάμε τους κρόκους των αυγών, το νερό καρύδας από τη φρέσκια καρύδα και τη ζάχαρη σε μια μέτρια κατσαρόλα και ζεσταίνουμε μέχρι να διαλυθεί η ζάχαρη. Προσθέστε το γάλα καρύδας, το αλάτι και την κρέμα γάλακτος και χτυπήστε μέχρι να ενωθούν.
b) Μαγειρέψτε σε μέτρια φωτιά, ανακατεύοντας συνεχώς για 8 – 10 λεπτά μέχρι να πήξει.
c) Αποσύρουμε από τη φωτιά.
d) Ανακατέψτε τις νιφάδες καρύδας και το μείγμα βανίλιας στο υγρό. Ρίξτε μέσα από ένα λεπτό σουρωτήρι σε ένα πλαστικό μπολ. Σκεπάζουμε και βάζουμε στο ψυγείο όλη τη νύχτα.
e) Βάλτε το μείγμα σε παγωτομηχανή ακολουθώντας τις οδηγίες του κατασκευαστή.
f) Καταψύξτε μέχρι να είναι έτοιμο για σερβίρισμα.

100. Gelato κολοκύθας

Κάνει: 1

ΣΥΣΤΑΤΙΚΑ:
- 2 φλιτζάνια πλήρες γάλα
- 4 κρόκοι αυγών
- 1 φλιτζάνι ζάχαρη
- 1 φλιτζάνι παχύρρευστη κρέμα
- 1 κουταλάκι του γλυκού αλάτι
- 1 κουταλάκι του γλυκού βανίλια
- 1 φλιτζάνι πουρέ κολοκύθας
- 1 κουταλάκι του γλυκού κανέλα
- ¼ φλιτζάνι καστανή ζάχαρη

ΟΔΗΓΙΕΣ:
a) Χτυπάμε τους κρόκους των αυγών και τη ζάχαρη σε μια μέτρια κατσαρόλα και ζεσταίνουμε μέχρι να διαλυθεί η ζάχαρη. Προσθέστε το γάλα, το αλάτι και την κρέμα γάλακτος και χτυπήστε μέχρι να ενωθούν.
b) Μαγειρέψτε σε μέτρια φωτιά, ανακατεύοντας συνεχώς για 8 – 10 λεπτά μέχρι να πήξει.
c) Αποσύρουμε από τη φωτιά.
d) Χτυπήστε μαζί την καστανή ζάχαρη, την κανέλα, τον πουρέ κολοκύθας και τη βανίλια μαζί και μετά ανακατέψτε τα στο υγρό. Ρίξτε μέσα από ένα λεπτό σουρωτήρι σε ένα πλαστικό μπολ. Σκεπάζουμε και βάζουμε στο ψυγείο όλη τη νύχτα.
e) Βάλτε το μείγμα σε παγωτομηχανή ακολουθώντας τις οδηγίες του κατασκευαστή.
f) Καταψύξτε μέχρι να είναι έτοιμο για σερβίρισμα.

ΣΥΜΠΕΡΑΣΜΑ

Όλοι αγαπάμε τα ιταλικά επιδόρπια. Ίσως αυτό προέρχεται από την πρώιμη ιστορία τους να μην έχουν τακτική πρόσβαση στη ζάχαρη και να χρησιμοποιούν πολύ λιγότερη ζάχαρη στις συνταγές τους από τους Αμερικανούς μάγειρες. Είναι όλα τα φρέσκα υλικά, όπως η κρέμα και το τυρί, που κάνουν τα ιταλικά επιδόρπια τόσο νόστιμα.

Ingram Content Group UK Ltd.
Milton Keynes UK
UKHW020624210623
423802UK00010B/99